JN104606

ゼンテーションが可能になります。その結果、相手との信頼関係が培われ、その後の行動にも影響を与えることができるのです。

一方、心理学は「人の心とは何か?」を考える学問です。人には、さまざまな感情があります。頭では理解していても、時には意地を張ったり、思い込みで判断したりと、必ずしも合理的な行動をとらないことが多々あります。そういう人が持つ複雑な「心理法則」を学ぶのが心理学です。この法則を理解し、自身のスキルとして習得すれば、相手の気持ちや感情を受け止めたうえで、あなたがイメージする行動を相手に促すことが簡単にできます。

本書は、ビジネスパーソンが習得すべき「ロジカル・シンキング」と「心理学」の勉強法から活用方法までを、具体的かつわかりやすく解説しています。どちらも知識だけ詰め込んでも、ビジネスシーンで役立たせることはできません。実践を積み重ねる、つまり経験を積むことによって、初めてビジネスシーンにおける強力な武器にすることができるのです。

本書をよりよいビジネス環境を築く第一歩として、多くのビジネスパーソンの方に活用していただければ望外の喜びです。

2019年11月

中野　克彦

◆ はじめに ◆

この本を手に取られたあなたは、おそらく「ビジネスを成るためには、自分自身のスキルアップが必要なことはわかってでも、その方法がわからないので知りたい！」と強く思っていではないでしょうか。

本書は、そうした思いを持つビジネスパーソンの方々に、ロル・シンキングと心理学のスキルを身につけることで、最強のネスパーソンへの第一歩を踏み出していただきたいという思い筆しました。

残念なことにいまの日本では、ロジカル・シンキングや心理学びたくても大学等で専門課程を専攻しない限り、学ぶ機会はんどありません。まるで「孤高の学問」といった感があります実はいったんこれらのスキルを身につければ、職種・業種を問わあらゆるシーンで活用できるきわめて実用的な学問なのです。もろん大企業、中小企業、個人事業主など、地位も役職も問いませプライベートも含め、いつでもどこでも役立つスキルです。

例えば、ビジネスの現場では、一般的に人を介して取引が行わるので、お互いの信頼関係が基本になります。そうした信頼関係構築するためには、相手の気持ちや置かれた状況を察し、そのうで自分の考えや想いを伝えていく力が必要です。もうおわかりいただけたと思いますが、まさにその力となるのが、ロジカル・シンキングと心理学のスキルなのです。

ロジカル・シンキングは、日本語で「論理的思考」と訳され、「主義主張が一貫し、筋道が通った考え方のこと」を意味します。この手法を用いて相手に説明すれば、説得力は倍増し、迫力のあるプレ

目　次

はじめに

第1章 「心理と論理」で交渉力をアップする

Ⅰ. 全体像を考える……2

1. 心理 人の考え方（思考）には偏りがある……2

⑴ レストランのメニューは、全部見てから決める／2
⑵ 雨男の作り方／3
⑶ 幸運をもたらすネックレス、買いますか？／7
⑷ だからこそ、ロジカル・シンキングが必要！／10

2. 論理 モレなくダブりなく考える～MECI（ミッシー）～……11

⑴ 論理的に全体像を把握する／11
⑵ モレなくダブりなく考える／12
⑶ 「あり・なし」マトリクスの整理／13
⑷ MECEの使用上の注意／16
⑸ MECEの「精度」と「感度」／18

Ⅱ. 主張に対して根拠を持つ……19

1. 心理 勘違いしやすい確率の考え方……19

⑴ 再び「雨男」を考える／19

2. 論理 論理展開を意識する……21

⑴ 論理展開の基本／21
⑵ 「当たり前」と言わせるのが演繹法／22
⑶ 演繹法の落とし穴／25
⑷ 事象の共通点を考える帰納法／42
⑸ 帰納法の落とし穴／47
⑹ 演繹法と帰納法の位置づけ／52

第2章　伝えたいことを「論理的に主張する」

Ⅰ. 論理の構造化……54

1. 論理 論点を特定する
～何について話をしているのかを考える～……54
⑴ 論理的主張とは何か？／54
⑵ 論点を特定するときの考え方／56
⑶ 事例演習―洋食レストラン編／60

2. 論理 論理展開の前提を疑う
～何を言えばよいのかを考える～……65
⑴ 演繹法と帰納法／65
⑵ 事例演習―プロジェクト・リーダー編／65

3. 論理 論点に応える枠組みを構築する
～フレームワークを考える～……68
⑴ 枠組み（フレームワーク）の構築／68
⑵ 事例演習―プレミアム・ビールの営業編／70
⑶ 事例演習―ベストセラー編／72
⑷ 代表的なフレームワーク／78

4. 論理 ピラミッド・ストラクチャーを作成する
～論理の構造化～……87
⑴ ピラミッド・ストラクチャーの導出／87
⑵ 事例演習「ベストセラー」のピラミッド・ストラクチャー化／88

5. 論理 総合演習：大手家電量販店との関係構築……91

6. 論理 ロジカル・プレゼンテーション……98
⑴ 伝えたいことを明確にする／98
⑵ トップダウンで活用するピラミッド・ストラクチャー／100
⑶ ロジカル・ライティング／101

7. 心理 エモーショナル・プレゼンテーション………… 102
⑴ 左脳と右脳に響くプレゼンテーション／ 102
⑵ 論理の押し売りは逆効果／ 103
⑶ 片面提示と両面提示／ 104
⑷ 選択肢の数はほどほどに／ 105
⑸ 気になるところで中断したときのツァイガルニック効果／ 106
⑹ 交渉を意識したプレゼンテーション／ 107
⑺「欲しい!」と思わせるプレゼンテーション／ 111
⑻ ロジカル＆エモーショナル／ 115

第3章 「問題を発見し解決する」

Ⅱ. 事象の構造化 ………………………………… 118
1. 論理 問題を発見する～何が問題なのか（What?）～… 118
⑴ 問題とは何か？／ 118
⑵ 目標設定の重要性／ 120
⑶ 顕在的問題と潜在的問題／ 122
⑷ 問題の３つのタイプ／ 124
2. 論理 事象を分解し問題を解決する ……………… 128
⑴ 問題解決のプロセス／ 128
⑵ 問題の特定に欠かせない事象の分解／ 129
⑶ 事象の分解に欠かせない「ロジック・ツリー」／ 136
3. 論理 問題を解決する～ Where、Why、How ～…… 138
⑴ 問題を特定する～（Where?）どこに問題があるのか？～／ 139
⑵ 原因を追究する～（Why?）なぜ問題が起こるのか？～／ 141
⑶ 解決の手段を検討する
～（How?）どのようにすればよいのか？～／ 144
4. 論理 問題発見と問題解決 ……………………… 146

5. 心理・論理 ロジカル・シンキングのビジネスへの活用 ‥ 148
⑴ 人の受け止め方、認知の仕方を意識する／149
⑵ コミュニケーションの強力な武器
「ピラミッド・ストラクチャー」／151
⑶ 問題発見・問題解決に欠かせない「ロジック・ツリー」／151
⑷ 心理と論理でビジネスチャンスを逃がさない！／152

終わりに

Logical

第1章

「心理と論理」で交渉力をアップする

Thinking

I. 全体像を考える

1. 心理 人の考え方（思考）には偏りがある

(1) レストランのメニューは、全部見てから決める

論理的に思考するためには、全体像を把握する必要があります。「そんなことは百も承知。いつも全体像を考えて行動しています」と読者の方は思うかもしれませんが、実際はできていないことが多々あります。多くの場合、ただ全体像を考えたと思い込んでいるだけなのです。

例えば、あなたが午前中の仕事を終え、職場の仲間とランチを食べに外出したとします。ファミリーレストランに入ったあなたは、いったいどのようにして食べたいものをメニューから選ぶでしょうか。おそらくメニューをパラパラと一通り見渡した後、食べたいものをイメージしながら決めるのではないでしょうか。このように人は往々にして、全体を把握した後に選択するという行動パターンをとります。

一方、全体を把握しないまま結論を出さなければいけない場合、人はどのような行動をとるのでしょうか。皆さんにも経験があると思います。多くの場合、選択することに躊躇します。それは、「もっとよい選択肢があるかもしれない」と考えるからです。

例えば、理想の結婚相手を探している場合、異性のすべてを把握することは物理的にも時間的にも不可能です。気になる人が見つかったとしても、本当にこの人でいいのか、この先もっといい人に巡り合えるのではないか、と迷ってしまいます。しかし、時間は限られているため、これまで自分の知り合った異性を「小さな全体」

と位置づけ、その中から一つの基準を設定し、相対的に評価をするようになります。

このように私たちは、**全体を把握したがる生き物**なのです。そして、そうしたいがゆえに、その全体が小さくてもそれを全体と思い込んで選択していることも少なくないのです。

「ロジカル・シンキング」や「心理学」を実務に活用するためには、その前提として、「私たちが全体と思っている事象が、必ずしもそうとは限らない」ことに留意する必要があります。さっそく、事例をもとに学んでいきましょう。

⑵ 雨男の作り方

例えば、友達４人でサッカー観戦に行ったとしましょう。残念ながら、当日は雨となってしまいました。その数日後、同じメンバーで山登りに行く予定を立てたところ、やはり当日は雨が降ってしまいました。こんなことが続くと、誰からともなく「お前、雨男じゃないのか？」といった声がちらほらと出てくるものです。もちろん、最初はふざけ半分に言い合う程度ですが、その後も立て続けに雨が降ると、周りの仲間も「あいつは本当に雨男かもしれない」と思い始め、本人も「自分のせいで……」と考えてしまうものです。

「雨男」というのは、彼がいるとなぜかいつも雨が降るという人の話ですが、論理的に考えれば、その人に雨を降らす力などあるはずがありません。単なる偶然であり、迷信のようなものなのですが、一度「雨男」というレッテルがはられると、彼に対する周りの認識が心理的に偏り始めます。

雨が降るということは、傘をさす必要があります。そのため野外のスポーツ観戦やレジャーを楽しむうえで、あまり喜ばしいことではありません。それゆえに印象が強く残ってしまうのです。

一方、晴れた場合はどうでしょうか。もし「雨男」と揶揄されている人がいても、仲間は「雨男」の存在などほとんど気にしません。つまり、雨が降った時にだけ「雨男」の存在がクローズアップされ、晴れた日にはほとんど無視されてしまう。それが、現実なのです。

心理学では、このように考えてしまうことを「確証バイアス」と

言います。バイアスとは、私たちの思考の「偏り」という意味です。人は、ある事柄について何らかの期待を持つと、その期待を確証する証拠ばかりに目を奪われ、反証する証拠にはほとんど関心を示しません。つまり、自分に都合のいい情報ばかりを集めてしまうのです。

例えば、近所の病院の先生に対して、知り合いの患者さんから「あの先生はとても心の温かい人ですよ」という話を聞いたとします。すると「温かい人」と聞いた人は、「よい先生に間違いないだろう」という期待を持って病院に行きます。その結果、その先生のよい面ばかりに注目しがちになるのです。

一方、同じ先生に対して「あの先生はとても心の冷たい人ですよ」という話を聞いたらどうでしょうか。「心の冷たい人」と聞いただけで、多くの人が「あまり親身になってくれない先生」という負のイメージを持ってしまいます。その結果、悪い面ばかりに目が行ってしまい、よい面を見過ごしがちになってしまうのです。

私たちの知識や欲求は、期待に沿う事柄に意識が向きやすく、期待に沿わない事柄は無視する傾向にあります。その結果、「確証は試みるが、反証は試みない」という偏りが、どうしても生じてしまいます。この偏りこそが「確証バイアス」なのです。

「雨男」の話に戻りましょう。繰り返しになりますが、「雨男」に雨を降らせる能力はありません。しかし、仲間はふざけながらも、雨男を信じる方向に思考が偏っていきます。これこそが全体像が見えなくなっていく、最初のプロセスなのです。

図表1の「雨男のマトリクス」を見てください。この表は、雨男がいる・いない場合と雨が降った・降らなかった場合を整理したものです。「雨男」がいるときに雨が降ったのが事象Aです。「雨男」はいたが、雨は降らなかったというのが事象Bで、この場合「雨男」

を連想する人はいません。事象Dも雨が降らなかったため、同じく「雨男」を連想する人はいないでしょう。一方、事象Cは、雨は降ってしまいましたが、「雨男」はいないケースです。

このように4つの事象があるにもかかわらず、確証バイアスが働くと事象Aばかりが目立ってしまいます。そうなると、実際は違っていても「彼は雨男だ」という認識度合いが高まっていきます。こうして「雨男」ができあがっていくのです。

昔から各地に伝わる「雨乞い」などの迷信も、このようにして生まれてきたのではないかと言われています。雨が降るまで雨乞いをすれば雨を降らせたことになり、それが確証に変わっていった、というのが「雨乞い」の真相というわけです。

図表1 「雨男」のマトリクス

事象Aばかりに意識が向いてしまう

	雨が降った	雨は降らなかった
雨男がいる	A	B
雨男はいない	C	D

本来であれば、図表1の雨男のマトリクスのように、A、B、C、Dの事柄が起こる確率を検証する必要があります。例えば、事象Cの確率が一番高い場合はどうなるでしょうか。雨が降ったのに、彼はいないわけですから少なくとも「雨男」の汚名を着せるには根拠が薄くなります。事象Bも同じように、「雨男」という嫌疑を晴ら

すことができます。

しかし、実際にこうした確率を検証しようとすると、膨大な時間と労力がかかります。そこで、人は必ずしも正しい答えが得られなくても、経験にもとづいてある程度の精度で直感的に判断しようとします。当然、時間や労力を削減することはできますが、一方で早とちりなどのミスを犯す確率は高まります。これを行動経済学では、「ヒューリスティクス」と言います。ちなみにヒューリスティクスとは、「思考の近道」「早とちり」「思い込み」といった意味で、行動経済学とは、必ずしも合理的な判断をしない心理学的に観察された事象を取り入れた経済学のことです。

(3) 幸運をもたらすネックレス、買いますか？

ヒューリスティクスは、マーケティングでも活用されています。

例えば、ある週刊誌に掲載されている広告欄に、「幸福のネックレス」の宣伝がされていたとします。そこには、「このネックレスを身につけることで、あなたにも幸福が訪れます！」と大きな文字で書かれていました。

いかがでしょうか。いまお読みいただいているあなたも含め、おそらく多くの人が「こんな怪しい眉唾物のキャッチコピーでは絶対に売れない！」と思うのではないでしょうか。

これでは到底、読者の食指を動かすことはできません。広告主としては、なんとかして眉唾物という印象を払拭する宣伝文を考えなければいけないわけです。

ここで、読者の皆さんにお願いがあります。前述したとおり、本書の目的はロジカル・シンキングのスキルを身につけることなので、いったん読み進めるのを中断して考えていただきたいのです。さて、あなたなら、どのような内容の広告にするべきだと考えますか。

いかがでしょうか。もちろん「これが正解」と、ずばり言い切れる答えはありません。しかし、手がかりはいくつかあります。例えば、皆さんも思い当たる節があると思いますが、この手の広告には必ずと言ってよいほど、以下のような“購入した人の声”が掲載されています。

「このネックレスをしていたら、私にも彼氏ができました」

「娘にプレゼントしたら、親子の会話が増えました」

「ネックレスを身につけて受験に臨んだら、合格できました」

いずれもネックレスをつけたらハッピーになったという報告ですが、前出の雨男と同じく、このネックレスに人を幸福にする力などないことは誰にでもわかります。しかし、「最近、運の悪いことばかり続いている」、「同じ生活の繰り返しで、楽しいことがない」といったマイナスの感情に陥っている人が、こうした購入者の声を目にしたらどうでしょうか。「ひょっとしたら自分にも幸福が訪れるかもしれない」という感情にとらわれ、藁にもすがる思いで購入してしまうかもしれません。

どうして、人はこうした感情にとらわれてしまうのでしょうか。そのメカニズムについて、「雨男」と同じようにマトリクスを使って「全体像」を考えてみましょう（**図表2**参照）。

図表2　「幸福のネックレス」のマトリクス

	幸せなことが起こった	何も起こらなかった
ネックレスを買った	A	B
ネックレスは買わなかった	C	D

ここでは「ネックレスを買った人」「買わなかった人」と「幸せなことが起こった人」「何も起こらなかった人」に分けて考えます。例えば、マイナス感情に陥っている人が幸せになった購入者の声を目にすると、事象Aばかりに気が向いてしまい、他の事象のことは気にも留めなくなってしまいます。これは、実際に購入した場合も同様です。ネックレスを身につけているときに幸せなことが起こると、「これはネックレスのおかげだ」と直線的に考え、何も起こらなければ「これから起こるのかもしれない」、逆に不幸なことが起こった時は「これは幸福のネックレスとは関係ない」と考えてしまうのです。

本来であれば、ネックレスを身につけているときに不幸が起これば、これは不幸のネックレスになるはずです。しかし、多くの場合、人はネックレスと関連づけて考えようとはしません。まさに「雨男がいてもその日が快晴だと気にも留めない」のと同じで、関連づけようとしないのです。

繰り返しになりますが、“ネックレス”と“幸せなことが起こる”ことの間に因果関係も相関関係もありません。しかし、幸せなことが起こると“確証バイアス”が働き、それが続くことによって「ネックレスのおかげだ」という思いが確信に変わっていくのです。

⑷　だからこそ、ロジカル・シンキングが必要！

⑶のネックレスの事例のように、相関関係はないにもかかわらず、あたかも関連しているかのように錯誤することを“錯誤相関”と言います。今回の事例も同様に、本来であれば一定のデータ数を基に、B、C、Dの事象との関連性、つまり確率を考えることによってネックレスの効力を判断するべきなのに、購入者の声を目にすることによって、私たちの思考は事象Aのみに注目しがちになってしまうのです。

人は何か問題が起こったとき、往々にして原因を決めつけようとします。そして、①先入観にとらわれ自分に都合のよい情報だけを集めてしまう“確証バイアス”、②早とちりや思い込みで判断しがちな“ヒューリスティクス”、③関連性がないのに関連があると思ってしまう“錯誤相関”などによって、思考の落とし穴にはまってしまうのです。

では、どうすればこうしたリスクを回避できるのでしょうか。前述したとおり、物事を正しく見極め全体像を把握するためには、常に前提を疑い「自分自身の見方、考え方に偏りはないか」と自問自答し、フラットな視点で確認する必要があります。もうおわかりいただけたと思いますが、人の思考の偏りを矯正するツールとしてきわめて有効なのがロジカル・シンキングなのです。

マスコミが報道していることやインターネットの記事などは、視聴率やPVを稼ぐために視聴者の関心の高い、マトリクスでいう事象Aに関することばかりかもしれません。それを見て信じてしまった視聴者には、「確証バイアス」が働きます。こうした思考の偏りが、人種差別や偏見などの問題を引き起こすことすらあるのです。

繰り返しますが、人は何か問題が起こったとき、往々にして原因を決めつけてしまうという性（さが）をもっています。そうしたリスクを回避するという意味でも、人の心理、思考の特徴を理解し、論理的に対処できるロジカル・シンキングは、ビジネスの世界では必須のスキルと言えます。

2. 論理 モレなくダブりなく考える～MECI（ミッシー）～

(1) 論理的に全体像を把握する

全体像を把握することはとても重要です。しかし、人は往々にして漠然と捉えているだけで、論理的に捉えることはまれです。そこで、ここでは、論理的に捉える方法について解説していきます。

ロジカル・シンキングを学ぼうとすると、必ずと言っていいほど出てくるのが「MECE」（「ミーシー」もしくは「ミッシー」）という言葉です。これは、Mutually Exclusive and Collectively Exhaustiveの頭文字を取った略称で、「ヌケ・モレが無くダブリがない状態」のことを言います。つまり、ロジカル・シンキングに必要な論理展開において、MECEの状態にあれば論理構造の完成度が高いと判断することができます。ちなみに、このMECEという言葉は、コンサルティング会社のマッキンゼー＆カンパニーが社内で使ったのが最初と言われています。

MECEは、全体像を分解していくことで問題を明確化させ、それをもとに具体的な解決策を導き出すという、ビジネスの世界で重宝されているツールです。最初に紹介した、ファミリーレストランでランチのメニューを決めるシーンを思い浮かべてください。何を食べるのかを決めるとき、多くの人が、「和食、洋食、中華」、あるいは「ご飯、麺類、パン」といった分解をするのではないでしょうか。ほかにも「早い、普通、ゆっくり」といったように、時間に注目して分解する人もいるかもしれません。

食べるものを決めるとき、例えば食事のときも「モレなくダブリなく」考えているのです。これは、全体像を意識して選択しようとしている行為に他なりません。このように多様な視点からメニューをモレなくダブリなく分解することで、初めて自分の目的を達成するための選択肢が見えてくるのです。つまり、分解して考えることによって、見過ごしている点にも意識が向きやすくなるのです。

(2) モレなくダブリなく考える

想定した全体像に「モレ」があると、重要な論点を見落としたまま検討を進めてしまう可能性があります。また、「ダブり」は思考の効率性を悪化させ、全体像をぼやけさせます。全体像を「モレなく、ダブリなく」考えていくことで、初めて見えないものが見えてくるのです。

具体的には、仮定される全体像を分解することによって、全体像を明確にしていきます。それを「モレ」と「ダブリ」の「あり・なし」マトリクスで表現すると、**図表3**のようになります。

図表3 モレとダブリの「あり・なし」マトリクス

	ダブリなし	ダブリあり
モレなし	◎（最良）	△（不十分）
モレあり	△（不十分）	×（最悪）

いかがでしょうか。前述した「雨男のマトリクス」や「幸福のネックレスのマトリクス」と同じく、最良のパターンが「モレなし、ダ

ブリなし」で、最悪が「モレあり、ダブリあり」となります。

皆さんの中にも、上司から「もっとちゃんと考えろ！」と檄を飛ばされた経験がある方が、少なからずいらっしゃると思います。おそらく、その多くが「モレあり、ダブリあり」の報告や提案だったため檄を飛ばされたのです。しかし、言われた方は視野が狭くなっているため、「何をどうすればよいのか見当がつかない」というケースがほとんどです。そんな場合は、もう一度全体像をきちんと把握し直すことをお勧めします。

ビジネスシーンにおいて「モレあり、ダブリあり」は論外ですが、「モレあり、ダブリなし」、「モレなし、ダブリあり」も見逃すことはできません。例えば、前者のようにモレがあると、対象となる優良顧客を見逃してしまうかもしれないからです。また、後者のようにダブリがあると、DMを同じ顧客に2通以上送ってしまうといった経費の無駄遣いにつながります。このようにビジネスシーンにおいては、決められた期間、コストなどの制約要因の中で、いかに「モレなし、ダブリなし」の精度を高めていくかがきわめて重要なポイントになります。

(3) 「あり・なし」マトリクスの整理

改めてMECEにおける「あり・なし」マトリクスを整理してみましょう。

1)「モレなし、ダブリなし」の最良のケース

実際に「モレなし、ダブリなし」を意識して分解するには、どのようにすればよいのでしょうか。例えば、年齢による分類は「モレなし、ダブリなし」という意味で、MECEが成り立ちます（**図表4**）。それは20歳であって、30歳でもある人はいないからです。

図表4 「モレなし、ダブりなし」

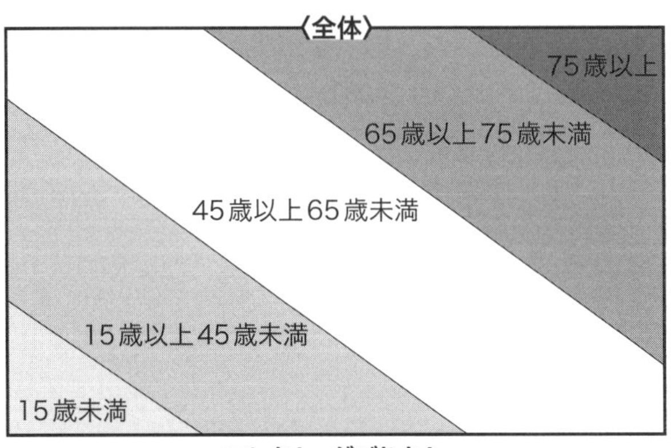

2)「モレあり、ダブりなし」の不十分なケース

例えば、中学校卒業後の進路をベースにしたマーケティングを検討するとします。そのとき、**図表5**のように公立高等学校に進学する人と私立高等学校に進学する人に分けるだけでは不十分です。というのも、就職するなど、高校に進学しない人もいるからです。このようにモレのある切り口で検討したことによって、結果的にターゲットとすべき顧客を失うことになるのです。

図表5 「モレあり、ダブりなし」の例

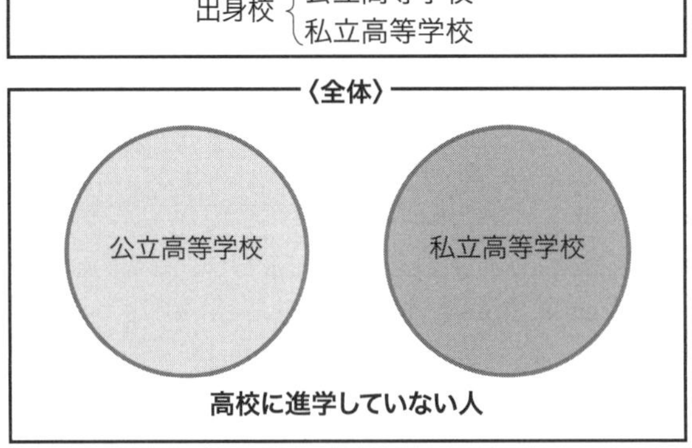

3)「モレなし、ダブリあり」の不十分なケース

図表6は、「男性、女性、子ども」と3つの区分に分解する場合です。男性、女性という区分であればモレもダブリもありませんが、子どもを加えると簡単に分解することはできません。というのも、子どもには男の子と女の子がいるので、男性、女性がダブルカウントされてしまうからです（ここでは、セクシュアルマイノリティに関しては考慮していません）。

では、子どもを軸に分解するのはどうでしょうか。子どもを軸にするということは、その比較対象は大人になります。しかし、今度は大人と子どもの境目が少々あいまいです。もっと細かく、幼年期、少年期、青年期、壮年期、中年期、前期高年期、後期高年期といったわけ方も考えられます。しかし、そうなると今度はそれぞれの年齢を定義づけしなければいけません。

このように見てくると、結局、前述した年齢区分とほぼ同じことになってしまいます。

図表6 「モレなし、ダブリあり」の例

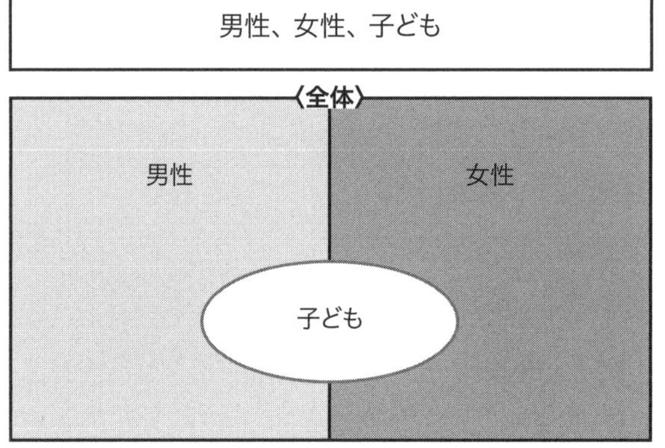

4)「モレあり、ダブリあり」の最悪のケース

中学校のあるクラスで、数学好きと英語好きの人数の調査を行いました。その結果を**図表7**のように整理すると、どうなるでしょうか。

この分け方では、例えば数学好きが10人、英語好きが15人とわかっても、クラス全員の人数を把握することはできません。そもそも生徒の中には、数学も英語も好きな生徒がそれなりにいるはずなのでダブリになります。一方、数学も英語も嫌いな生徒だっているので、これがモレになるわけです。このように分解の仕方を間違うと、クラスの全体像を明確にすることはできないのです。

図表7 「モレあり、ダブリあり」の例

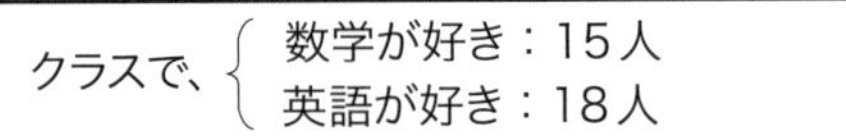

クラスで、
数学が好き：15人
英語が好き：18人

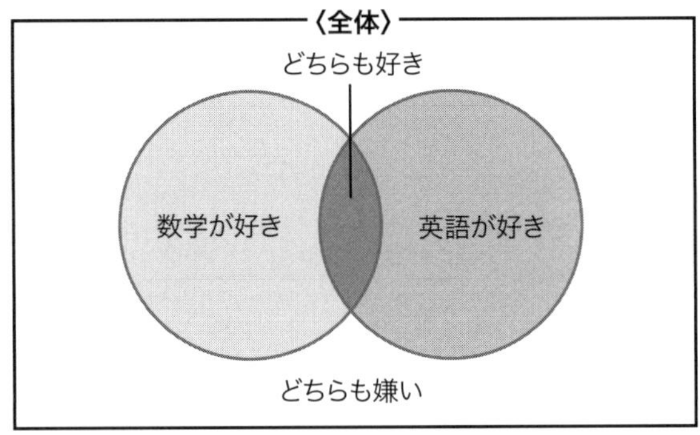

(4) MECEの使用上の注意

以上見てきたようにモレやダブりがあると、全体像が把握しずらくなり、問題点も特定しにくくなります。モレなくダブリなく、MECEに分解していかなければ、正しい判断は期待できないのです。

特にビジネスにおいては、会社の戦略をミスリードさせかねないので注意が必要です。例えば、全体像の分析にモレやダブリがある

ことに気づかず、その結果をもとに戦略を立案してしまうと、どうなるでしょうか。最悪の場合、大きな損失をもたらしかねません。だからこそMECEの考え方は、ビジネスシーンにおいて必要不可欠なツールなのです。

もちろんMECEにも注意しなければいけない点があります。例えば、ある対象と「それ以外」という単純な使い方は、あまりお勧めできません。というのも、「それ以外」や「その他」がごく少数であれば「例外」として扱って問題ありませんが、**図表8**のように対象となる事象に比べ、それ以外に該当する人の方が圧倒的に多いと、分解そのものが意味を持たなくなってしまうからです。

図表8 「それ以外」や「その他」が多数の場合

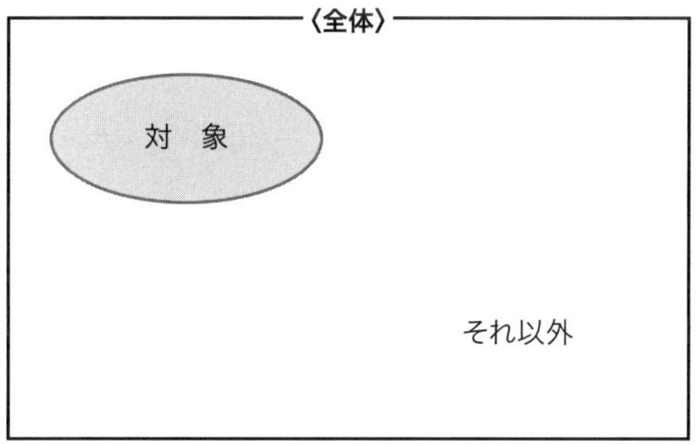

モレなし、ダブりなしだが……

確かに「対象となる部分とそれ以外」という分解の仕方は、理論上、完全なMECEになっています。しかし、それは「それ以外」に相当する部分の割合が低く、例外的な扱いにすることができる場合に限られます。つまり、「占める割合が高くなればなるほど、多くの事象を見過ごす可能性が高くなる」ということに注意が必要です。

逆に、完全なるMECEにこだわり過ぎてもいけません。完全を目指すことによって、多くの時間やコストを掛けるのも、費用対効果の点で問題があるからです。ビジネスシーンにおいては、さまざまな制約要因を見極めながら可能な範囲の「精度」でMECEに分解していくことが求められます。

読者の皆さんにも、思い当たることがあると思います。例えば、資格取得を目指して試験勉強する時、100点を目指すより合格ラインを超えるくらいの得点を目指した方が効率的な勉強ができますよね。そういうアバウトさも、時と場合によっては必要なのです。

(5) MECEの「精度」と「感度」

通常コンサルタント業界では、MECEに分解する際、「精度」や「感度」という言葉を使います。「精度」とは「モレなく、ダブリなく」の程度のことを指します。前述したとおり実施する際は制約要因を見極め、できる限り「精度」を高めていくことが重要になります。

一方、「感度」とは、「どのようなカテゴリーに分解するのがベストか」を見極める度合いを意味します。例えば、日本全国を対象に行ったアンケート調査結果を分析するときに、「性別」で分けるのか、それとも「年齢別」、「地域別」、「職業別」で分類するのかといったことです。マーケティングで言えば、市場を分解していくときのセグメンテーションに相当するのが「感度」、と考えて差し支えありません。

注意していただきたいのは、アンケート調査の分類方法が目的によって異なるということです。例えば、調査の結果、「ある職業の評価が高い」という特徴が明確になったとします。しかし、それを年齢別や地域別で分類してしまうと、その特徴を把握することができない可能性があります。このようにMECEに分解する際の「感度」と「精度」は、きわめて重要なポイントなのです。

II. 主張に対して根拠を持つ

1. 心理 勘違いしやすい確率の考え方

(1) 再び「雨男」を考える

「雨男」が確証バイアスやヒューリスティクス、錯誤相関などによって作り出されることは、Iの1(2)でお話したとおり、実際に「2×2の雨男のマトリクス」によって全体像を捉えことによって明確にすることができます。つまり、ロジカル・シンキングにおいて「全体像を意識すること」は、重要なポイントの1つと言えます。

しかし、それ以上に意識しなければいけない重要なポイントがあります。それは何かというと「前提を疑ってみる」こと。つまり「本当に雨男は存在するのか」と、前提を疑ってみることです。こう言うと「ひねくれもの」「天邪鬼」と言われそうですが、ロジカル・シンキングにとって“前提を疑う”という思考方法はきわめて重要です。

そもそも「本当に雨男は存在するのか」という発想が思い浮かばなければ、全体像を把握しようとすらしなかったかもしれません。まずは「前提を疑ってみること」。これが、ロジカル・シンキングを有効活用する第一歩なのです。

例えば、サイコロを用いて確率の計算をするとしましょう。当然ですが、数回振っただけでは検証結果に偏りが出ます。しかし、振れば振るほど1から6までの出る目の確率は徐々に均等になっていき、無限に振ることによって、理論上の値は6分の1に近づいていきます。これを「大数の法則」と言います。

読者の皆さんの中にも、確率論・統計学における基本定理の1つとして、この「大数の法則」の話を聞いたことがあると思います。この大数の法則において、重要なポイントは「無限にサイコロを振ったときの統計的な確率」ということです。例えば、サイコロを10回しか振らなかったとしたら、「1」の目が5回以上出ることだってあり得ます。つまり、「少ない回数しか実施しなかった場合には、偏りが出る」ということを忘れてはいけないのです。

そこで問題です。

ある街に大小2つの病院があります。それぞれの病院で、1年間に生まれた赤ちゃんの性別を調査したところ、片方の病院で生まれた赤ちゃんの70%が男の子でした。これはどちらの病院の可能性が高いでしょうか。

A：大病院

B：小病院

もちろん答えはBの小病院です。通常、男の子と女の子の生まれる比率は50%：50%と考えられますが、小病院の場合、大病院と比べて生まれてくる赤ちゃんの数それほど多くはありません。極端な話をすれば、1カ月当たり一人ということだってありえます。私たちは、このことを往々にして失念してしまうのです。

このように少ないサンプルによる統計的な確率を、無意識のうちに「大数の法則」が当てはまると思い込んでしまいます。これを、行動経済学では「少数の法則」と呼んでいます。私たちが確率を検証するうえで、注意しなければいけないポイントの1つです。

実は、「雨男」の話にも共通します。多くのデータを取ることによって、雨男とされている人がいるときに雨が降る確率が明確になるわけですが、もしかすると、その人がいるときの方が、雨が降らない可能性だってあるかもしれません。その場合は、「雨男」あらため「晴男」になります。このように論理的に全体像を把握することによって、初めて真実が見えてくるのです。

2. 論理 論理展開を意識する

(1) 論理展開の基本

論理展開とは、例えば「自分は雨男ではない」ということを証明するために、筋道を立てて段階的に論理を組み立てていくことを言います。そのための方法として、主に用いられているのが演繹法と帰納法の2つです。歴史は古く、古代ギリシャの哲学者であるアリストテレスが三段論法（演繹法）を定型化したのが始まりとされ、それが後の論理学の礎となりました。

図表9 論理展開の基本

論理展開の方法
- 演繹法
- 帰納法

論理学というと「何か小難しい学問」と思われるかもしれませんが、実は日常生活のなかで普通に演繹法や帰納法を使っています。ただ、意識せず自然に使っているため、「論理の誤り」に気づかないことも少なくありません。読者の皆さんの中にも、「彼（彼女）の言うことはどこか変だ」と感じた経験が、一度ならずあると思います。

なぜ、納得できないかというと、それは話に説得力がないからです。下手をすると、「何を言いたいのかわからない」ということすらあります。

そういうリスクを極力避ける、つまり説得力のある主張をするためには、誤りのない論理展開が求められます。だからこそ演繹法や帰納法の活用術を修得することが、ビジネスの世界では必要不可欠なのです。

⑵「当たり前」と言わせるのが演繹法

まずは､演繹法からマスターしていきましょう。前述したとおり、演繹法は三段論法とも言われています。ここでは、一般の書籍でもよく見かける定番の事例をもとに解説しましょう。

【事　例】

① 人間はいつか死ぬ
② ソクラテスは人間だ
③ ソクラテスはいつか死ぬ

図表10 演繹法の基本「ソクラテス」

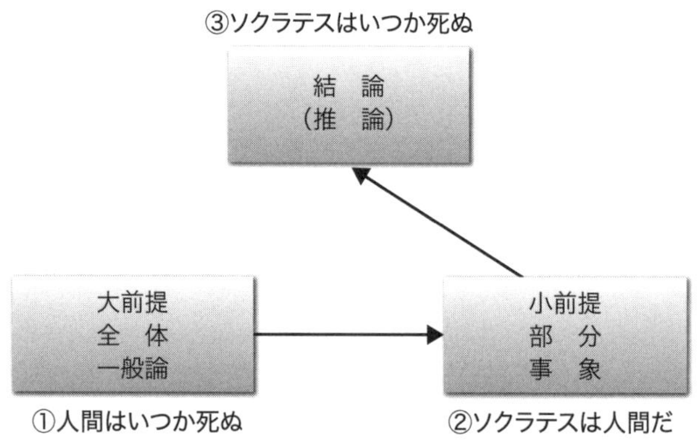

当たり前すぎて説明する必要はないと思いますが、はじめに「①人間はいつか死ぬ」という大前提があります。いくら「医学が日進月歩で進化している」とは言え、これを否定する人はいないでしょう。次に「②ソクラテスは人間だ」という小前提があります。ソクラテスは、古代ギリシャの哲学者であり、人間であることに疑いの余地はありません。つまり、「人間」という全体に対して、「ソクラテス」は、その一部分ということになります。

こうして"全体（大前提）である「人間」はいつか死ぬので、その部分（小前提）であるソクラテスもいつか死ぬ"という結論を導き出すことができます。つまり、「全体に当てはまるということは、その部分にも当てはまる」というわけです（**図表11**）。

図表11 演繹法の包含関係

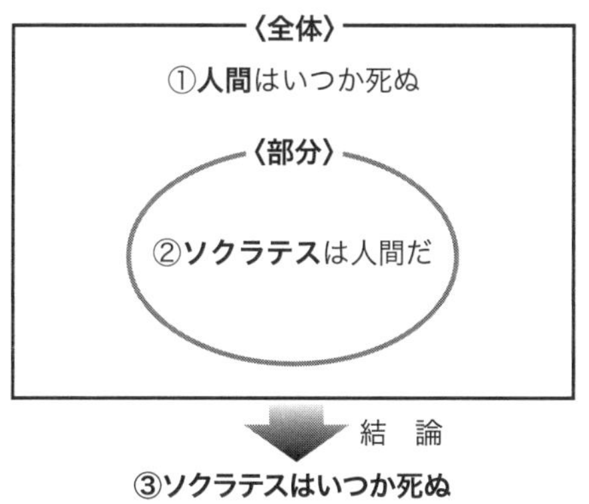

この理論の流れを整理すると、「①全体(大前提)⇒②部分(小前提)⇒③結論」の図式が描けます。そして、ソクラテスの例のように、「①全体（大前提）と②部分（小前提）が正しければ、③結論は正しい」という論理が成り立ちます。このように2つの前提から結論を導き出して推論する手法が演繹法であり、三段論法とも言われています。

実社会において、この演繹法を正しく使いこなせるようになれば、論理の穴（ミス）を見つけることができます。そうなれば、詐欺などにもあいにくくなるはずです。しかし、いまだに「ねずみ講詐欺」や「おれおれ詐欺」が社会に蔓延している現状にかんがみれば、残念ながらほとんどの人が使いこなせていないと言わざるを得ません。こうした詐欺に引っかからないようにするためにも、この機会にまずは演繹法のスキルを習得していただきたいと思います。

繰り返しますが、演繹法は「2つの前提から、結論を導く推論方法」です。それを図で表すと、以下のようになります（**図表12**）。

図表12 全体（大前提）と部分（小前提）の包含関係

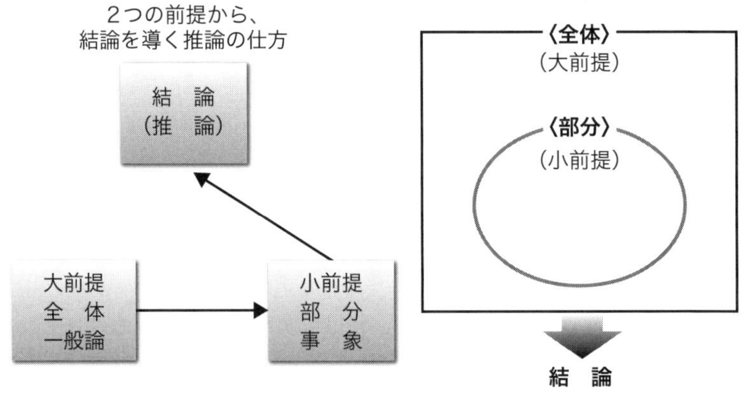

おさらいのために、もう1つ事例をみてみましょう。

【事　例】

① 240単位を取得すれば大学を卒業できる

② 私はすでに250単位取得している

③ 私は大学を卒業できるだろう

図表13 演繹法の基本「卒業」

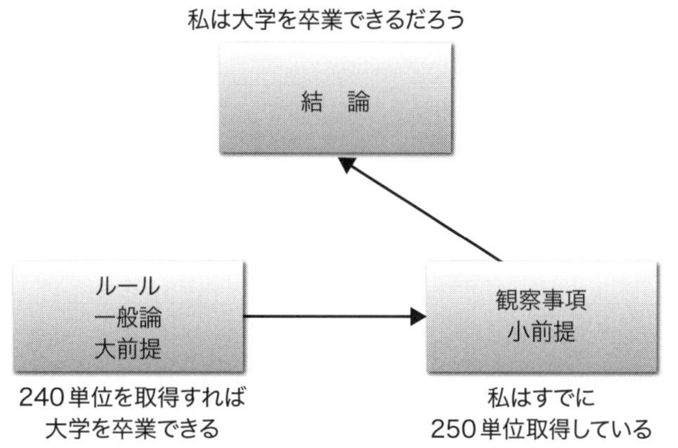
私は大学を卒業できるだろう
結　論
ルール
一般論
大前提
観察事項
小前提
240単位を取得すれば
大学を卒業できる
私はすでに
250単位取得している

大前提として「240単位を取得すれば大学を卒業できる」という全体があり、部分である「私はすでに250単位取得している」という小前提があります。そこで、導き出された結論が「私は大学を卒業できるだろう」という論理展開になっています。この事例も「当たり前」の結論なので、特に疑問を持つことなく理解していただけると思います。

⑶　演繹法の落とし穴

流れ的に疑いを挟む余地のない演繹法ですが、いくつか陥りがちな誤りがあります。事例をもとに、落とし穴（誤り）を確認していきましょう。ここでは、代表的なものとして「論理の飛躍」「誤った前提」「暗黙の前提」の3つを取り上げることにします。

1）論理の飛躍

大前提や小前提が正しくても、その前提からは導き出せないことを、無理やり結論づけてしまうことを「論理の飛躍」と言います。

下記の事例で説明しましょう。

【事　例】

① 240単位を取得すれば大学を卒業できる

② 私はすでに250単位取得している

③ 私は**優秀な**成績で大学を卒業するだろう

いかがでしょうか。おそらく多くの方が、この結論に違和感を覚えると思います。というのも、卒業単位より10単位多く単位を取得しているからといって、優秀な成績かどうかまでは判断できないからです。全体（大前提）と部分（小前提）に誤りはありませんが、これをもって「**優秀な**成績で大学を卒業する」という結論を導き出すことはできないのです。このように拡大解釈することを、「論理の飛躍」と言います。

図表14 論理の飛躍「優秀とは言えない事例」

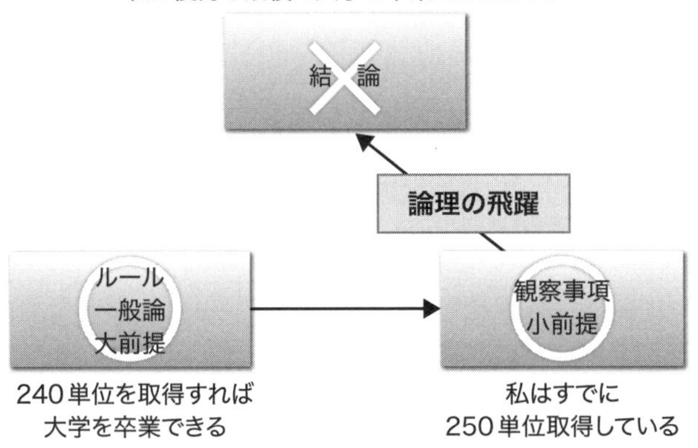
私は優秀な成績で大学を卒業できるだろう
結論
論理の飛躍
ルール
一般論
大前提
観察事項
小前提
240単位を取得すれば
大学を卒業できる
私はすでに
250単位取得している

人間ですから、「自分なりに頑張ってきたので、自分は優秀である」と言いたい気持ちは十分理解できます。実際、日常会話の中で、こうした話が出てきたらどうでしょうか。むしろスルーしてしまった方が、スムーズに会話が進むかもしれないので、状況を見て判断するのがベターかもしれません。

しかし、採用面接やビジネスの交渉シーンで、こうした「論理の飛躍」は絶対にタブーです。それは説得力がないという評価だけならまだしも、最悪の場合、「論理的思考のできない人」というレッテルをはられてしまうかもしれないからです。

【事　例】

① オウムは人の言葉を話す

② オウムは鳥である

③ だから鳥は人の言葉を話す

こちらは、明らかにおかしいことがわかります。確かにオウムやインコが人の言葉を話すことは広く知られています。だからといって、すべての鳥が人の言葉を話すわけではありません。つまり、ここで論理が飛躍しているわけです。

では、具体的にどこがおかしいのでしょうか。

読み進める前に、ここで一度立ち止まって想像してみてください。それはなぜかというと、ロジカル・シンキングをマスターするには「思考のトレーニング」が必要不可欠だからです。

もちろん、「思考のトレーニング」をしなくても、ロジカル・シンキングの知識を身につけることはできます。しかし、考えることをせずに読み進めてしまうと、実際に使いこなすためのスキルまで身につけることはできないのです。

図表15　論理の飛躍「すべての鳥は人の言葉を話さない」

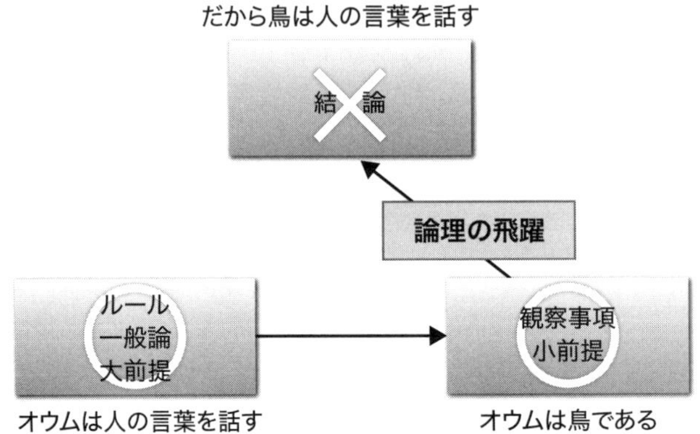

この事例の場合、包含関係にポイントを置いて考えると理解しやすくなります。まず鳥の一部である「オウム」を全体（大前提）として扱い、全体であるはずの「鳥」を部分（小前提）として扱っています。つまり、ソクラテスの事例と同様にどちらの前提も個別に見れば間違ってはいませんが、全体と部分の扱いが逆になっているため結論が一致しなくなっているわけです。ここでも「全体像」を把握することの重要性を確認することができます。

図表16　包含関係でみる論理の飛躍

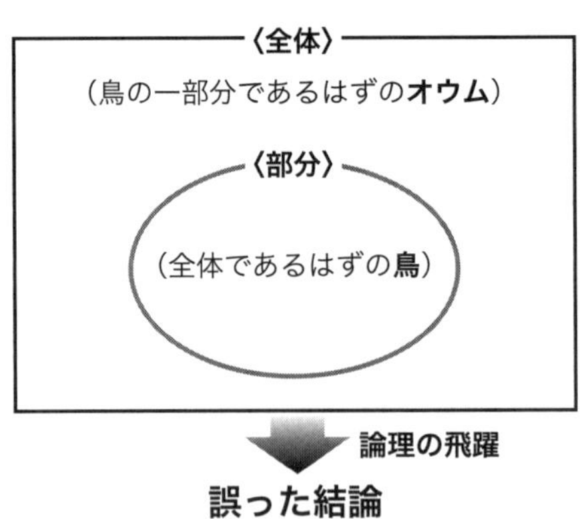

以上見てきたとおり、演繹法は「あたりまえ」の事実を積み重ねることによって結論を導き出していく手法です。したがって、積み重ねの段階で1つでも論理に飛躍が生じると、導き出された結論はまったく見当違いになってしまいます。そうした事態を避けるためにも、常日頃から論理の誤りを的確に指摘できるスキルを身につけることが重要なのです。

ところで皆さんは、ステレオタイプという言葉をご存知でしょうか。例えば、「血液型がB型の人ってアバウトだよね」といった表現のように、多くの人に浸透している先入観、思い込みのことをステレオタイプと言います。しかし、現実には「血液型の違いで性格が異なる」という証明はなされていません。そもそも諸外国には、血液型によって性格を判断するといった習慣はなく、日本特有の性格判断と言っても過言ではないのです。

では、どうして日本では「B型の人はアバウトだ」というイメージが広がったのでしょうか。おそらく最初はごく少数の人間の噂に過ぎなかったのが、徐々に拡散することによって、私たちの目が必然的にB型の人のアバウトな面ばかりに留まるようになった、ということだと思います。

「雨男」の事例を思い出してください。あのとき説明したように心理的な「確証バイアス」が働いてしまった結果だと考えられます。つまり、先入観や固定観念などによって、いつの間にか偏ったレッテルがはられてしまったのです。心理学では、こうした事象をラベリングと言います。

このように相関関係がないにもかかわらず、相関があるように認知してしまうのが「錯誤相関」です。「雨男」のときにも説明しましたが、全体と部分の関係を明確に押さえること。それが、論理の飛躍に気づく第一歩なのです。

【事　例】

① あの宝くじ売り場は１等が多く出る
② 私はあの宝くじ売り場で購入する
③ だから私は１等が当たる可能性が高くなるだろう

年末ジャンボなど高額な当選金が話題となる宝くじが販売される時期になると、必ずと言っていいほど、過去に1等が多く出た売り場に大勢の人が並んでいるシーンがニュースで流されます。しかし、この事例も明らかに論理が飛躍しています。そもそも過去に1等の数が多く出ているのは、単に絶対的な販売枚数が多かっただけかもしれません。確率論的に考えれば、どの宝くじ売り場で購入しても、当たる確率が変わらないのは明白です。

おそらく並んでいる人のほとんどが、そのことを認識しているのではないでしょうか。それでも1等が多く出た宝くじ売り場に並ぼうとする。それが人間なのです。人は必ずしも合理的な行動を常にとるとは限らないのです。

図表17　論理の飛躍「宝くじの当たる確率はどこの売り場も同じ」

だから私は１等が当たる可能性が高くなるだろう
結論
論理の飛躍
ルール
一般論
大前提
観察事項
小前提
あの宝くじ売り場は
１等が多く出る
私はあの宝くじ売り場で
購入する

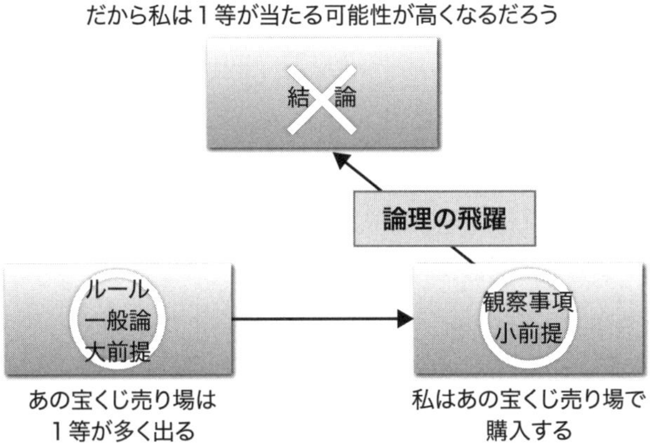

行動経済学における代表的な成果にプロスペクト理論があります。これは「人間が不確実な未来の選択を迫られた時、利益と損失に対してどのように評価し、どのように行動するか」を、実験と観察によって構築した心理学にもとづく現実的な理論です。もう少し具体的に言うと、“標準的な経済学の効用関数に対応する「価値関数」と、確率の重みづけに関する「確立加重関数」によって意思は決定される”ということです。

これでは、多くの人が「何を言っているのかわからない」とおっしゃると思うので、具体的に「宝くじを購入した場合、1等が当たる確率」を例に考えてみましょう。

まず確率ですが、これは発売された枚数と1等の当選数から導き出すことができます。これを客観的確率と言います。一方、私たちが感じる確率は少々歪んでおり、それを主観的確率と言います。

図表18は、客観的確率を横軸に、主観的確率を縦軸にとったグ

図表18 プロスペクト理論の確率加重関数

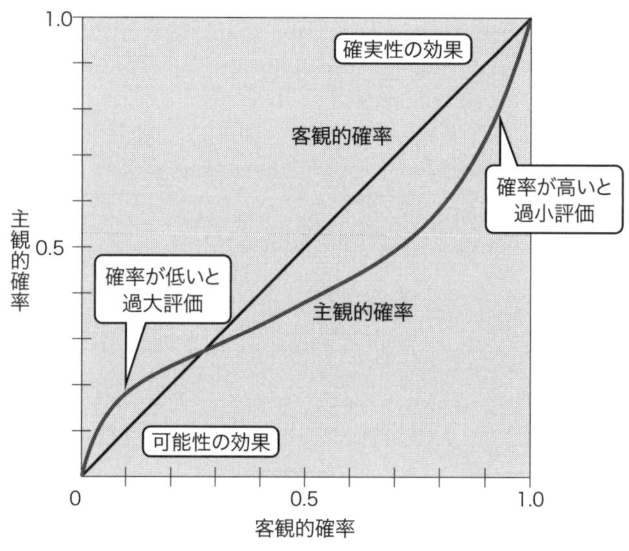

ラフです。このグラフをもとに、プロスペクト理論について説明しましょう。

私たちは、当たる確率が低い場合、実際の当選確率より過大評価しがちです。宝くじでも、1等などほとんど当たらないとわかっていても、「もしかしたら……」と考えてしまいます。これを「可能性の効果」と言います。

反対に「当たる確率は99%」と聞いても、「もしかしたらはずれの1%に入ってしまうかもしれない」と考え当選確率を過小評価してしまうこともあります。これを「確実性の効果」と言います。例えば、「応募すれば必ず当たります」といったキャンペーンを打つのも、この確実性の効果を意識して、あえて必ずといった文言を入れているのです。

ちなみに総務省の資料によると、宝くじの還元率（売上金額のうち当選金として支払われる割合）は45.7%と、競馬・競輪・競艇の約75%と比べてかなり低くなっています。なぜ低いかというと、約40%を公共事業等の社会貢献に使っているからです。したがって、純粋に還元率だけで考えると、「宝くじは投資の対象として競馬・競輪・競艇に勝っている」とは到底言えないことになります。

しかし、多くの人が宝くじを買っています。なぜでしょうか。それは1枚買っただけでも、1等が当たる可能性があるからです。つまり、「宝くじは買わなければ当たらないので、とりあえず買うが、あくまでも夢を買っているに過ぎない」と言えそうです。そういう意味では、夢を購入する楽しみの1つとして、1等が多く出た売り場に並ぶのも理にかなった行動なのかもしれません。

2）誤った前提

次は、「誤った前提」です。前提に誤りがあれば、当然そこから導き出された結論は正しくありません。まずは、以下の事例によって理解を深めていきましょう。

【事　例】

①　大学生は勉強をしない

②　私は大学生だ

③　だから私は勉強をしない

この事例は、先ほどまでの「論理の飛躍」ではありません。小前提の「②私は大学生だ」と、結論の「③だから私は勉強しない」の2つに、誤りはありません。しかし、大前提である「大学生は勉強をしない」という部分は誤りです。もちろん勉強をしない大学生もいると思いますが、熱心に勉強に取り組んでいる大学生も存在します。

このように、そもそもの前提に誤りがある事象を「誤った前提」と言います。前提に誤りがあれば、当然そこから導き出された結論も誤っているという論理です。

図表19　誤った前提「勉強する大学生もいる」

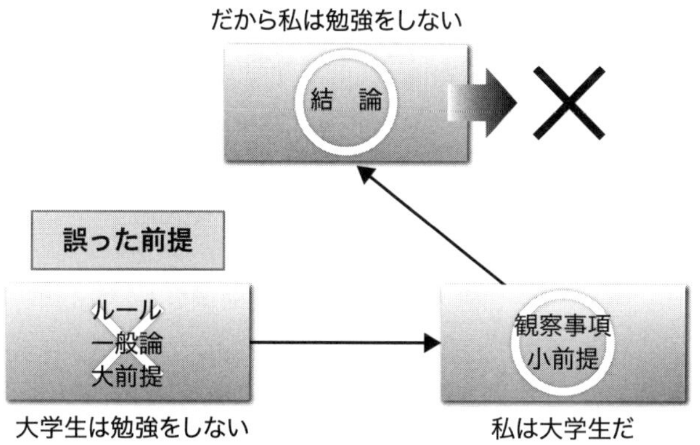

この事例のように、たとえ大前提以降の論理が正しくても、大前提が誤っていれば、論理は崩壊してしまいます。つまり、誤った前提を見つけることができれば、相手の論理を簡単に崩すことができますし、逆に自分が掲げた前提に誤りがあれば、それ以降の議論をすることなく却下されてしまいます。

もう1つ、事例を見てみましょう。例えば、「利益の出ている会社は倒産しない」とい大前提はどうでしょうか。ご存知のとおり、利益が出ていてもキャッシュフローがうまく回らなければ銀行への返済が滞ってしまったり、従業員に給与を支払うことすら難しくなってしまうかもしれません。現実に黒字倒産は、多くの場合、こうしたシチュエーションで起こります。

さらにもう1つ、「あの人は雨男である」→「私は雨が嫌いだ」→「だからあの人とは行動を共にしない」という論理展開の大前提はどうでしょうか。通常、雨を降らすことのできる人はいませんので、これも同様に大前提に誤りがあります。

以上見てきたとおり、論理を構築する際、徹底的に前提にこだわる必要があることをご理解いただけたでしょうか。常にデータの根拠や信憑性などに気をつけてないと、いつどこで足をすくわれるかわかりません。演繹法を利用する場合、まずは前提を疑ってみる。それが、演繹法をマスターする第一歩なのです。

3）暗黙の前提

付き合いが長いもの同士が会話する場合、ある前提を相手がわかっていると勝手に思い込み、それを伝えないまま会話が進むことがよくあります。このように口に出さなくても相手が理解していると思い、省略して伝えていない事象のことを、「暗黙の前提」と言います。

日常会話でも、主語などを省略し、多くの前提が隠されたまま会話が進むことがあります。時には「暗黙の前提」を察することができない人がいて、場がしらけてしまうことも……。そうした人のことをKY、つまり「空気の読めない人」と呼んだりもします。

以下、いくつかの事例をもとに「暗黙の前提」について見ていきましょう。

【事　例】

① ○○○○○○○○○○○○○

② 私は、△△△会社の社員だ

③ だから住宅を購入するのは困難である

図表20　暗黙の前提「さまざまな前提が想定できる」

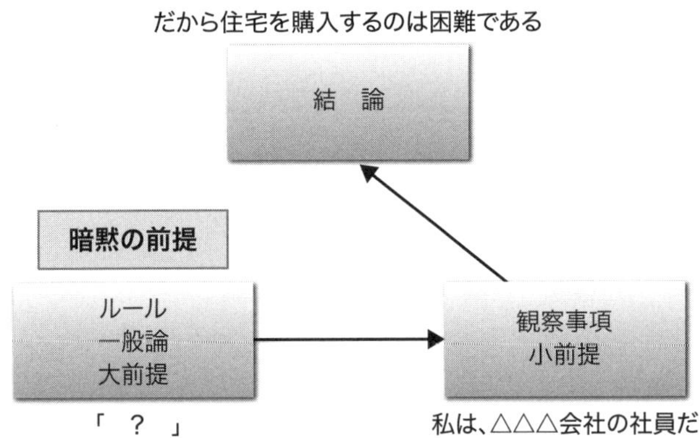

①に入るのが、暗黙の前提です。このケースの場合、いったいどのような暗黙の前提が考えられるでしょうか。

代表的なものを挙げると、「△△△会社の給与は世間的に見て低い」、「△△△会社は信用力がないので、金融機関が融資してくれない」といった前提が考えられます。これらの大前提をもとに、「私は△△△会社の社員だ」という小前提を経て、「よって住宅を購入するのは困難である」という結論を導き出すわけです。

通常こうしたケースでは、「△△△会社の給与は世間的に見て低い」ということが一般的に認識されていれば、ほとんどの会話の中で省略されます。というのも、その方がスムーズに会話が進むからです。

しかし、もし相手が認識していなかったらどうなるでしょうか。最悪の場合、誤って伝わってしまう可能性も否定できません。

もう1つ暗黙の前提には、気をつけなければいけない点があります。それは何かというと、例えば「△△△会社は、転勤が頻繁にある」という前提でも住宅が購入しにくくなるため、上記の議論は成り立つということです。つまり、聞き手の認識によって結論は同じでも、会話の中身はまったく違うものになってしまう可能性があるのです。そうしたリスクを避けるためにも、ビジネスにおいては、基本的に「暗黙の前提」を含んだ会話は避けるべきです。

【事 例】

① ○○○○○○○○○○○○○○

② 消費税率が上がった

③ だから私は安心した

図表21 暗黙の前提「消費税率が上がって安心する理由」

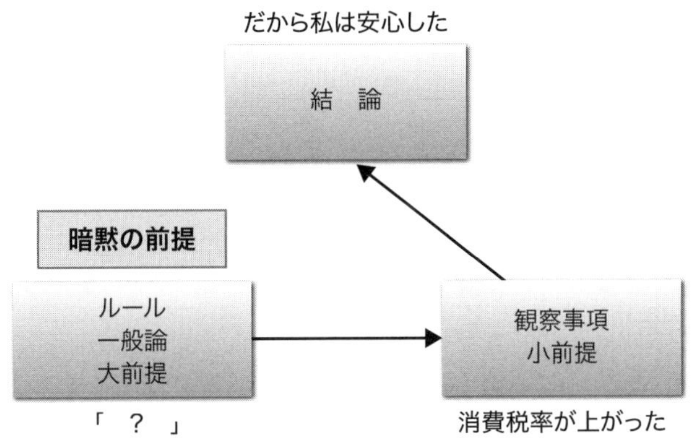

通常、税率が上がると私たちの日々の支出は増えるので、安心すると思う人は少ないはずです。したがって、結論と小前提から暗黙の前提を導き出すのは、それほど簡単ではないと思います。

仮に、この前提が①「私は、消費税を上げないと日本の財政は破たんすると考えている」という内容だったらどうでしょうか。おそらく多くの読者が、「言われてみれば、そういう前提もありえるか」と納得すると思います。しかし、前もって言わなければ、真意を相手に伝えることはできません。このように、暗黙の前提は誤解を生む原因となるため、省略して話を進める場合、注意する必要があります。

4）暗黙の前提の捉え方と活用するための考え方

暗黙の前提は、ことわざにも隠されています。

・急がば回れ
・失敗は成功のもと
・風が吹けば桶屋が儲かる

どれも短いフレーズですが、単純に読んだだけでは、真の意味を理解しにくいのではないでしょうか。例えば、「急がば回れ」の意味を辞書で調べると、「急ぐ時には、危険を含む近道より、遠回りでも安全な道を通る方がかえって早い。安全確実な方法を取れという戒め。」とあります。この暗黙の前提を認識して、初めてこのことわざの意味を理解することができるわけです。

そもそも自分の知っていることを、相手が知っているとは限りません。ときには誤って伝わってしまうことさえあります。したがって、ロジカル・シンキングにおいて、暗黙の前提を避けることはきわめて重要なポイントなのです。

もう1つ、「暗黙の前提」ではありませんが、あまり使われない専門用語や複数の意味を持つ言葉なども、時として「暗黙の前提」になりかねません。「暗黙の前提」というよりは、「誤った前提」になりやすいと言った方が正しい表現かもしれません。よく言われる「専門用語はできるだけ使用しない方がよい」というのも、その教訓の1つと言えます。

具体的に見ていきましょう。まずは下記の文章を一読し、読み終えたら眼を閉じて、その光景をイメージしてみてください。

建物の中に入ると、行列ができていた。
壁際にガードマンが立っていることに気づいた。
行列の人数を数えると10人だ。
並んでいる人は、自分の順番がくると空いた機械の前に向かって行った。
誰もが黙ったまま全く会話をしない。
機械の前で何らかの操作をすると、1～2分で立ち去って行った。
すると、次の順番の人が、その空いた機械に足早に向かって行った。

いかがでしょうか。突然、これだけ見せられても、どのような場面なのか、明確にイメージできない方も少なからずいらっしゃると思います。

実は、上記の文章は銀行のATMを利用している人々の様子を説明したものです。再度、文章を読み直してみてください。銀行のATMの話だということがわかると、驚くほどイメージしやすくなったのではないでしょうか。

なぜイメージしやすくなったのでしょうか。それは、私たちが銀行のATMを利用した経験があるからです。つまり、それを思い出すことによって容易にイメージすることができるというわけです。

このように、多くの人が銀行のATMを利用する場合、一連の行動をとります。経験することによって、利用手順に関する知識を習得し、その知識にもとづいて一連の行動をとるわけです。この体系化された知識のまとまりのことを、心理学では「スキーマ」と言います。ちなみに心理学辞典（有斐閣）では、「スキーマとは、人が経験によって身につける知識のモジュール」と説明しています。

例えば、海外旅行先で「電車の切符の購入方法がわからない」、「ホテルを利用したときにどれくらいチップを支払えばよいのかわからない」といった経験をしたことはないでしょうか。こうした戸惑いは、知識のまとまりであるスキーマを身につけていないことによって起こるのです。

銀行のATMの話に戻ります。利用経験があるということは、当然ATMを利用するためのスキーマを持っています。したがって、上記の文章を読んだ瞬間に銀行のATMを連想した人は、上記の文章になかった「現金」や「クレジットカード」を自らイメージし、銀行のATMの話だと見抜いたわけです。

海外旅行先での戸惑いをなくすことなど、確かにスキーマは身につけると便利です。しかし、気をつけなければいけない点があります。それは、「受け取った情報にないものを付加してしまう」、あるいは「内容を無意識に修正してしまうことも少なくない」ということです。そうした誤謬を犯してしまうと、結果的に誤った方向に思考を導いてしまうので、十分注意する必要があります。

スキーマについて、もう少し深掘りしていきましょう。例えば、人々が見たことも、使ったこともない新製品が発売されたとします。その商品を販売する場合、お客様にどのように勧めるべきでしょうか。

これだけでは少々わかりづらいので、iPhoneが初めて世に登場したときのことをイメージしてみてください。従来の2つ折りの携帯電話の進化版ということは理解できても、例えば電話番号を入力するための数字のボタンがないと言われても、現物を見るまでは全く見当がつかなかったと思います。

ただ、その一方で携帯電話ということから、従来の携帯電話のスキーマを活用することができます。例えば、電話をかけるときに片方の耳にあて口元に近づけること、あるいは電話を受けるときに受話器を取るようにどこかのボタンを押して話をするといったことです。これは、メールを利用する際の動作についても同様のことが言えると思います。

つまり、お客様への説明は、すでにお客様が持っている従来の携帯電話のスキーマを修正し、iPhoneのスキーマに再形成していくための作業になります。この作業を適宜行い、お客様にiPhoneの使い方を理解してもらうことによって、初めて販売に結びつけることができるのです。

新製品や新しい使い方を持つ商品を取り扱う場合、その新製品等のスキーマをお客様の頭の中に入れ込む作業が重要になります。お客様にスキーマを身につけていただくことで、実際に使用するシーンをイメージしてもらう。そうすることによって、初めてお客様の興味や関心が高まるのです。

逆説的に言えば、スキーマのない商品の場合、使用するイメージが形成できないため、欲しいという感情がわきにくいという弱点が生じます。そうした弱点を補うために、企業はCMやイベントなどによってスキーマを伝える工夫をしているのです。

いずれにしても、お客様に新しいスキーマを身につけてもらうのは、そう簡単ではありません。例えば、パソコンソフトがバージョンアップされることによって、いままでと使い勝手が変わることがよくあります。当然、引き続き使うためには、自分の使い方のスキーマを再構築しなければいけないし、慣れるまでの間、「使いにくさ」を感じます。このように新しいスキーマが形成されるまでには、さまざまな負担がかかるのです。

では、このスキーマについて、企業はどのように考えればよいのでしょうか。利点を1つ挙げると、一度自社のオリジナルのスキーマをお客様に築いてしまえば、他社に乗り換えられる可能性を低くすることができます。一方で、スキーマがオリジナルなため、他社からの乗り換えが少なくなるというリスクもあります。

いずれにしても、新商品あるいはバージョンアップした商品を提供する際には、お客様にスキーマを再構築してもらわなければいけないので、その負担をお客様に強いることになるのです。

この項、4)の冒頭で「専門用語はできるだけ使用しない方がよい」と説明しましたが、スキーマに関して言えば、必ずしもそうとは言い切れません。専門用語の意味をお互いに理解し、その知識を共有することができていれば、かえって理解しやすくなりますし、誤解を招くリスクを減らすこともできます。つまり、専門用語も使い方次第で有効なツールになるのです。

繰り返しますが、日本語はとかく前提を省略しがちです。日常会話だけでなく、ともするとビジネスにおいても「暗黙の前提」で会話をすることが多々あります。スピーディな会話ができる一方で、異なる前提のもとに会話を進めてしまうリスクがあります。その結果、トラブルになってしまう可能性もあるということを、常に意識して会話をすることが重要です。

いずれにしてもロジカル・シンキングにおいては、できるだけ「暗黙の前提」を避け、前提を明確にした表現に徹するべきです。また、相手が「暗黙の前提」にもとづいて会話をしていることがわかったときは、必ず矛盾していないかどうかを確認するようにしましょう。

⑷ 事象の共通点を考える帰納法

帰納法は、いくつかの事象にある共通点から結論を導き出す論理的推論方法です。多くの人は、意識せずに日常的に使用しています。

図表22 帰納法とは？

いくつかの事象の共通点から、
結論を導く推論の仕方

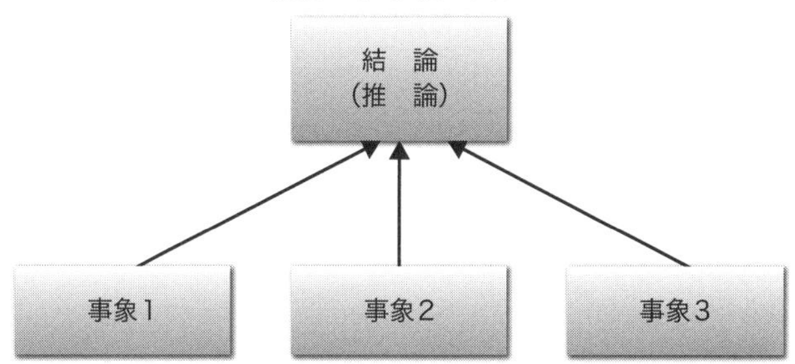

下記の事例をもとに帰納法を見ていきましょう。

【事　例】

① ソクラテスは死んだ

② 孔子は死んだ

③ 聖徳太子は死んだ

→「人間は必ず死ぬ」

図表23 帰納法の基本「ソクラテス」

「人間は必ず死ぬ」

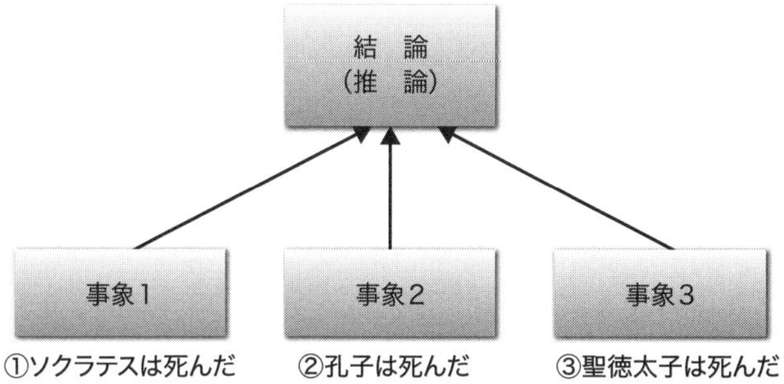

結　論
（推　論）

事象1　事象2　事象3

①ソクラテスは死んだ　②孔子は死んだ　③聖徳太子は死んだ

またしてもソクラテスを死に追いやってしまいましたが、これも定番の事例です。この三者の共通点は「人間である」ことです。そして、三者共に死亡していることから、「人間は必ず死ぬ」という結論が導き出されています。いまのところ不死身の人間がいることを誰も知らないので、上記の論理展開に疑問を抱く人はいないと思います。

しかし、突っ込みどころがないかと言うと、そんなことはありません。前述したソクラテス、孔子そして聖徳太子の共通点は、「人間」ということだけでしょうか。もう少し共通点を絞り込んで考えてみてください。

そうです、ここに登場する3人はすべて男性です。ということは、「男性は必ず死ぬ」という結論も導き出せるわけです。経験則上、ほとんどの人が「性別によって死ぬかどうかに違いがある」とは考えません。そうしたことから、単に違和感を覚えないだけなのです。

しかし、厳密に言えば、この事象だけでは「女性も必ず死ぬ」ということはわかりません。クレオパトラや楊貴妃、卑弥呼など、女性の死に関する事象が含まれることによって、初めて「人間」という共通点が浮かび上がってくるわけです。このように帰納法は、共通点の絞り込みの程度によってさまざまな結論を導き出すことができるので、注意が必要です。

もう少し理解を深めるために、次の事例をもとに考えてみましょう。

【事　例】

あなたは外国から輸入してきた食材を、日本で販売する仕事をしています。これから日本で流行りそうなものを輸入するため、「いま何が注目されているのか」をリサーチしたところ、次のような結果が出ました。

①　フランス産のマカロンが売れている
②　スペイン産のアーモンドチョコレートが売れている
③　イタリア産のティラミスが売れている

さて、どのような新しい商品を輸入するべきなのでしょうか。

まず、マカロン、アーモンドチョコレート、ティラミスといった甘いお菓子が記載されているので、「スイーツが共通点となる」ことに気づきます。そしてもう1つ、フランス、スペイン、イタリアと3つの輸入先が書かれていることから、「ヨーロッパが共通点となる」ことにも気づくでしょう。この2つから、まずは「ヨーロッパ産のスイーツが売れている」という結論を導き出すことができます。

図表24　帰納法の基本「ヨーロッパ産のスイーツ」

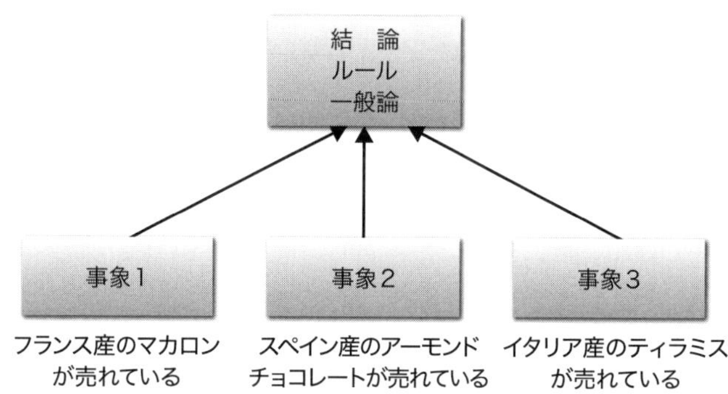
ヨーロッパ産のスイーツが売れている
結　論
ルール
一般論
事象1
事象2
事象3
フランス産のマカロン
が売れている
スペイン産のアーモンド
チョコレートが売れている
イタリア産のティラミス
が売れている

これで問題は解決するでしょうか。つまり、「ヨーロッパ産のスイーツを輸入すれば人気が出る」と考えてよいのでしょうか。

もちろん、そんな単純な考えで輸入したスイーツが、人気商品になる保証はありません。当然ですが、他のヨーロッパ諸国のスイーツでも売れるとは限らないからです。最適解を導き出すためには、もう少し共通点を絞り込んでみる必要がありそうです。

まず、フランス、スペイン、イタリアの3つの国について、共通する点を考え直してみましょう。さきほどはヨーロッパで括りましたが、もう少し絞り込んでいきます。例えば、「カタカナ4文字の国」で括るのはどうでしょうか。これでは単なる言葉遊びと思われかねないので除外するとして、例えば「地中海に面している国」というのはどうでしょうか。そうすると、3国の他にギリシャやモナコなどをイメージすることができます。また「日本人になじみのあるヨーロッパの国」とすれば、人にもよりますがイギリスやドイツ、オーストリアなどが浮かんでくるでしょう。

切り口は、まだまだあります。例えば、「ワインの名産地」という括り方もできます。さらに絞り込めば、赤ワインの名産地になります。ちなみに、この共通点とスイーツを絡めると「赤ワインに合うスイーツが売れている」という結論を導き出すこともできます。そこから「ひょっとするといま、日本では赤ワインを好んで飲み、食後に同じ国のスイーツを食べるのがブームになりつつある」といったイメージを含まらすこともできます。

このようにさまざまな括り方が考えられるわけですが、そうした括り方をイメージするためには、ある程度の知識や経験が求められます。例えば、地理の知識がなければ地中海というキーワードは出てきませんし、赤ワインを飲んだ経験がなければワインの産地という発想は思いつかないかもしれません。つまり、帰納法を有効に活用するためには、ある程度の知識や経験が必要なのです。

以上見てきたとおり、帰納法はさまざまな角度、切り口から共通点を見つけ、それをもとに結論を導き出すことができる便利なツールです。ただし、応用が利く一方で、切り口の「精度」と「感度」が試されるので、利用方法には十分注意する必要があります。

⑸ 帰納法の落とし穴

帰納法には、共通点を見つける難しさのほかにも陥りやすい過ちがあります。以下の事例をもとに見ていくことにしましょう。なお、本書では「論理の飛躍」「偏った前提」の2つを取り上げます。

1）論理の飛躍

帰納法にも、「論理の飛躍」があります。もし、ピックアップした事象をもとに導き出した結論が適切なものになっていなければ、それは論理が飛躍していると考えてほぼ間違いありません。以下の事例で説明しましょう。

【事　例】

① ビジネス株式会社のＡさんは、仕事が早い
② ビジネス株式会社のＢさんは、仕事が早い
③ ビジネス株式会社のＣさんは、仕事が早い

ここから導き出される結論は、どのようなことでしょうか。おそらくほとんどの人が、「ビジネス株式会社の社員は、みな仕事が早い」という結論を導き出すのではないでしょうか。

図表25 論理の飛躍「仕事が早い社員」

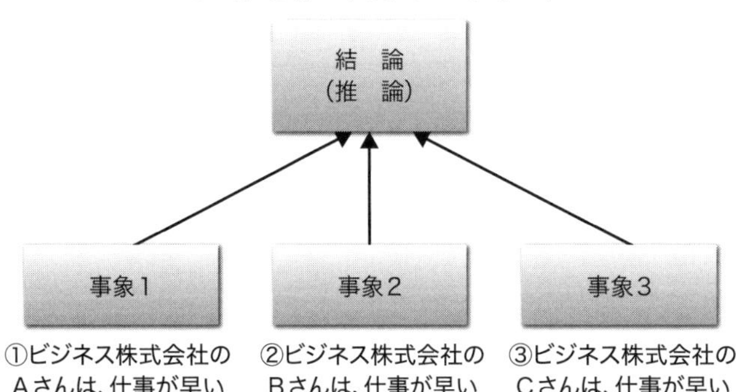
ビジネス株式会社の社員は、みな仕事が早い
結 論
（推 論）
事象1
事象2
事象3
①ビジネス株式会社のAさんは、仕事が早い
②ビジネス株式会社のBさんは、仕事が早い
③ビジネス株式会社のCさんは、仕事が早い

確かにビジネス株式会社の社員がＡさん、Ｂさん、Ｃさんの３人だけなら、この結論は妥当と言えます。しかし、他にも社員がいたらどうでしょうか。例えば、もう１人Ｄさんがいて、そのＤさんの仕事が遅いとなると、この結論の信憑性は無くなります。つまり、３人のみの事象で一般化してしまうと、「ビジネス株式会社の社員は、みな仕事が早い」という結論に「論理の飛躍」が生じている可能性があります。したがって、にわかに信じることはできません。

図表26 論理の飛躍「仕事の遅い社員の存在」

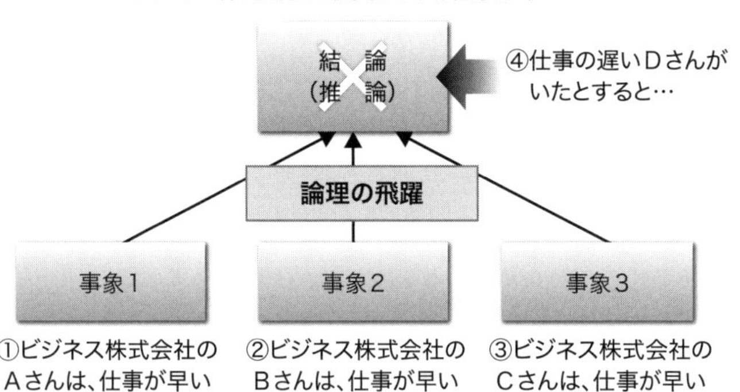
ビジネス株式会社の社員は、みな仕事が早い
結 論
（推 論）
④仕事の遅いDさんがいたとすると…
論理の飛躍
事象1
事象2
事象3
①ビジネス株式会社のAさんは、仕事が早い
②ビジネス株式会社のBさんは、仕事が早い
③ビジネス株式会社のCさんは、仕事が早い

もう1つ事例を挙げましょう。皆さんも何気ない日常会話で、「みんなそう言っているよ」と発言することがあると思います。このときの「みんな」とは、誰のことを指し、どのくらいの人数を意味しているのでしょうか。

おそらく日常会話で使っている場合は、自分の身のまわりの人のことを指していることがほとんどでしょう。つまり、血液型を例に説明した「ステレオタイプ」と同じように、多くの人に浸透している先入観、思い込みで使っているに過ぎないのです。これを「過度の一般化」と言い、論理的な思考を邪魔する思考の歪の1つとして知られています。この「過度の一般化」には、いままでの自分の経験など、限定的な事例を一般化してしまうという特徴があります。

ただし、一般化してしまうのは悪いことだけではありません。「経験上、これは食べない方がいい」、「この手の生き物は毒をもっている」といったことは、私たちが生きていくうえで重要な感覚だからです。

とは言え、ビジネスシーンにおいては「過度の一般化」は控えた方がよさそうです。「あいつがいると雨が降る」といった思考の歪みに繋がってしまいかねないからです。

2）偏った事象

下記の事例は、あるアンケートの調査結果です。

【事　例】

① 若者の8割が、ネットショッピングをしたことがある
② 中高年者の7割が、ネットショッピングをしたことがある
③ 高齢者の6割が、ネットショッピングをしたことがある

昨今のスマートフォンの普及とあいまって、インターネットを日常的に利用する人が急増しています。それは、上記のアンケート結果を見ても明らかです。例えば、この結果から「日本人の過半数が、ネットショッピングをした経験がある」という結論を導き出すことはできるでしょうか。

図表27 偏った事象「ネットショッピング」

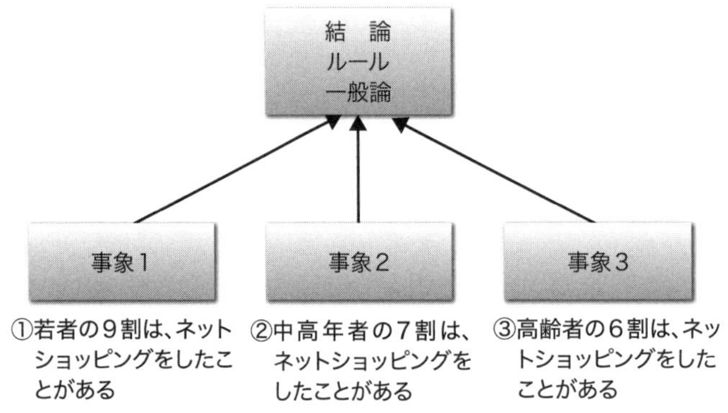
日本人の過半数は、ネットショッピングをした経験がある
結　論
ルール
一般論
事象1
事象2
事象3
①若者の9割は、ネットショッピングをしたことがある
②中高年者の7割は、ネットショッピングをしたことがある
③高齢者の6割は、ネットショッピングをしたことがある

この事例には、明確にすべきことがたくさんあります。まず、気になるのが、各事象の「若者」「中高年者」「高齢者」という表現です。若者とはいったい何歳の人を若者と言っているのでしょうか。小学生も若者に含まれるのでしょうか。中高年者と高齢者も同様です。それぞれの定義が明確になっていなければ、若者と中高年者の間にモレが生じているかもしれません。また、中高年者と高齢者でダブりがある可能性も否定できません。これでは前述したMECIの「モレなくダブりなく考える」に反する、最悪のパターンになってしまいかねません。

それだけではありません。最も気になるのが、アンケート調査の方法と母数です。もし、インターネットを使ってアンケート調査をしていたらどうなるでしょうか。そもそも、インターネットを利用しない人は答えることができないので、あくまでもインターネットを利用している人を対象にした調査でしかないことになります。

母数も問題です。もし、調査対象が数十人だったらどうでしょうか。前述したとおり、少なければ少ないほど、アンケート結果にかなりの偏りが出ている可能性があります。つまり、少数の法則が成り立つ可能性があるわけです。

以上から、「このような前提から導き出された結論に信憑性はない」ということになります。これを「偏った事象」と言います。

図表28 偏った事象「母数と調査方法」

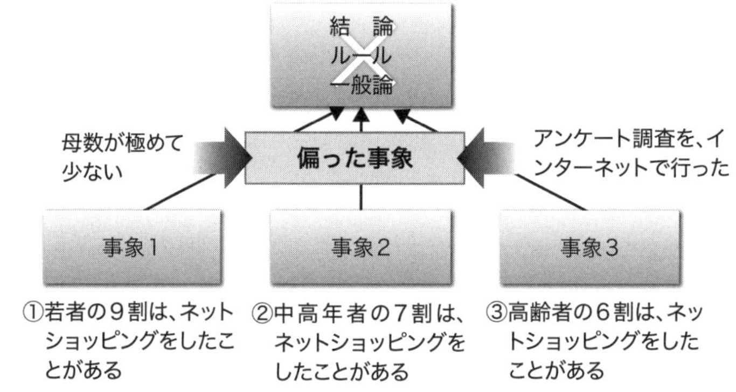
日本人の過半数は、ネットショッピングをした経験がある
結 論
ルール
一般論
母数が極めて少ない
偏った事象
アンケート調査を、インターネットで行った
事象1
事象2
事象3
①若者の9割は、ネットショッピングをしたことがある
②中高年者の7割は、ネットショッピングをしたことがある
③高齢者の6割は、ネットショッピングをしたことがある

いまの世の中、アンケート結果をベースにした宣伝が日常的に行われています。消費者であるわれわれは、その結果を鵜呑みにすることなく、各事象の定義づけはもとよりさまざまな前提についてもきちんと確認することが重要です。

⑹ 演繹法と帰納法の位置づけ

演繹法と帰納法を関連づけた図をイメージすると、**図表29**のようになります。まず、さまざまな事象から一般論やルール（大前提）を抽出し、その括りの中に入る1つの観察事項から結論を導き出すことになります。

その際、重要なのは「論理の飛躍」、「誤った前提」、「暗黙の前提」、「偏った事象」に陥らないようにすることです。もう1つ、言葉の定義づけを明確にし、切り口の「精度」と「感度」を高めていくこともきわめて重要です。こうした一つひとつの論理の積み重ねが、ロジカル・シンキングの柱になっていくのです。

図表29 演繹法と帰納法の関係

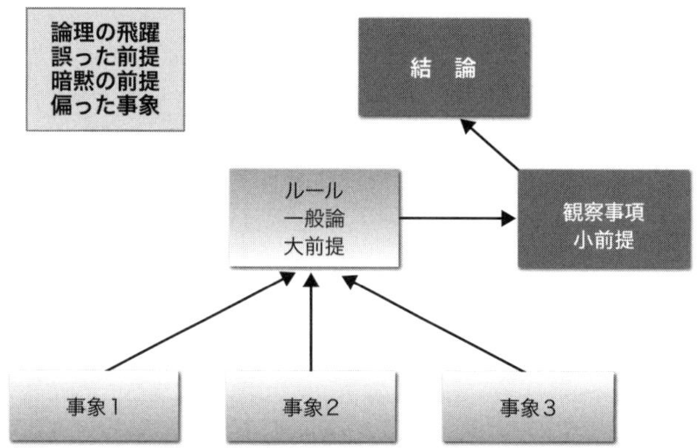

Logical

第2章

伝えたいことを「論理的に主張する」

Thinking

I. 論理の構造化

1. 論理 論点を特定する ～何について話をしているのかを考える～

(1) 論理的主張とは何か？

第1章では、「全体像を把握する（MECEで考える）ことの重要性」と「個別の事象における演繹法と帰納法の活用方法」について見てきました。

そこで本章では、「世の中で起こりうるさまざまな事象に対して、どのように捉え、どのように相手に伝えていくのか」について考察していきます。

人は往々にして、「自分の主義主張を相手に伝えようとしても、意図したように伝えることができない」というジレンマに陥ります。自分の考えや意見を言葉にすることは、思っている以上に難しいことなのです。例えば、話に一貫性がなかったり、回りくどい言い方をすると、相手は話の内容がつかめず、理解するのが億劫になってしまいます。こうした負担は不快以外の何物でもなく、続くと聞く気さえ無くしてしまいます。

これがビジネスシーンであれば、どうでしょうか。おそらく契約を勝ち取ったり、受注したりするのが、きわめて困難となるでしょう。つまり、「物事を論理的に考えることによって、自分の言いたいことを相手に負担をかけずにわかりやすく伝える」ことは、ビジネスにおいて欠かせないスキルなのです。

前述したとおり、物事を順序立て構造的に考えるロジカル・シンキングは、考え方のテクニックであり、一度身につければ強力な味方になります。ただし、身につけるのは、それほど簡単ではありません。というのも、身につけるためには、自分自身でひたすら「考え抜く」という作業を繰り返す必要があるからです。

こう言うと、「結構大変そうだから、自分には無理かな」と思われる方もいらっしゃるでしょう。でも、安心してください。いきなりビジネスシーンで使うのではなく、まずは日々の生活の中で、常に「考え抜く」ことを意識してトライしてみてください。それを繰り返せば、自然に「考え抜く」力が身についてきます。ロジカル・シンキングは特定の人だけが活用できるスキルではありません。誰でも身につけることができる考え方のテクニックなのです。

では、実際のどのようなことを考えていけばよいのでしょうか。わかりやすく捉えるため、ここでは次の4つのステップに分けて説明していきます。

■ステップ1　論点を特定する

■ステップ2　論理の前提を疑う

■ステップ3　フレームワークを構築する

■ステップ4　ピラミッド・ストラクチャーを作成する

ロジカル・シンキングが自分のものになっていないうちは、実践において知らず知らずのうち、いままでの考え方に戻ってしまいます。それを克服するためには、日々トレーニングに励むしか方法はありません。野球やテニスの練習に素振りが欠かせないのと同じように、いくら理論やルールを熟知していても、現場で使えるロジカル・シンキングのスキルを身につけることはできません。ひたすら地道なトレーニングを積む。それしか方法はないのです。

では、具体的に何をすればよいのでしょうか。それは、前述した4つのステップの考え方を、日々のトレーニングによって自分自身にしみこませていくことです。そうすることによって、初めてロジカル・シンキングを使いこなすことができるようになるのです。しかし、残念ながら多くの大人は、自分の知識や経験則に頼り、素振りなどの基礎トレーニングを軽視してしまいます。同じようにロジカル・シンキングをただの知識として受け止めてしまうと、「考える」という習慣が疎かになり、結果的に現場で役立つロジカル・シンキングのスキルを自分のものすることができないのです。

⑵ 論点を特定するときの考え方

ビジネスの世界では、よく「会議時間が長い」という話を耳にします。実際に会議時間が2時間を超えると、そもそも何の話をしているのかさえわからなくなってしまうことも少なくありません。そういう状況に陥らないためには、どうすればよいのでしょうか。

答えは、「いま、何について話をしているのか」を常に会議を行っているメンバー全員で共有し、確認することです。

卑近な例で恐縮ですが、筆者にはロジカル・シンキングを学んだときの恩師がいます。いまでも、先生の初めての講義を鮮明におぼえていますが、先生の第一声は、次のようなものでした。

「みなさん、はじめまして。この教室は、基本的に飲食自由です。しかし、私としては講義中にできるだけ飲んだり食べたりして欲しくないと思っています。そこで伺います。私が飲んだり食べたりして欲しくないと思っている飲食物とは、具体的にどのようなものだと思いますか？」

さて、皆さんは何を思い浮かべたでしょうか。まず考えなければいけないのは、「具体的な飲食物は何か？」ということです。つまり、抽象的な飲食物ではなく、「水」、「イチゴ」など、具体的な飲食物が問われていることがわかります。しかし、このようにダイレクトかつシンプルに答えるのは意外と難しく、多くの場合、つい不要なことまで答えてしまいがちです。

実は、そうした思考回路がロジカル・シンキングのスキル習得を妨げているのです。「ダイレクトかつシンプルに考える」。それがロジカル・シンキングの肝であり、そうすることがスキルを身につける近道なのです。まずは、そのことを頭に叩き込んでおいてください。

上記のような問いかけをした先生は、次に受講者それぞれに答えを求めていきました。すると、受講者から次のような答えが出てきました。

「お煎餅、カレー、ポテトチップス、ラーメン、くさや、ビール、ワイン、日本酒、焼酎……」

アルコール類が連呼され始めたときのことです。急に先生はにやにやしながら質問を中断しました。そして、黒板に出てきた答えを書きとめながら、以下のとおり飲食物をカテゴリーごとにまとめていったのです。

まず、「お煎餅、ポテトチップス、ラーメン」を1つのカテゴリーにまとめました。これらの共通点は何かというと、食べるときに「音」が出る食べ物です。一方、「カレーやくさや」などは、「ニオイ」が気になる食べ物と言えます。

ビールなどのお酒類も、酔ったときに「酒臭い」と言われるように臭いの気になる飲み物と言えます。ただし、お酒類の場合は、それだけではなく「酔う」心配があります。酔うことで「音」を出すこともあれば、時には周りの人にちょっかいを出したりもします。したがって、「カレーやくさや」とは別のカテゴリーとするべきでしょう。

お察しのとおり、先生は帰納法を利用して、具体的に出てきた意見をワンランク上の表現にまとめ直したのです。そのキーワードが、「音」、「臭い」、「酔い」というわけです。つまり、具体的なものから一段上の抽象的な見出しをつけることによって、飲食して欲しくないものを分類していったのです。さらに、先生は問いかけます。

「一言でいうと、どのような飲食物がダメなのでしょうか？」

賢明な読者の皆さんは、もうおわかりでしょう。答えは、もちろん「他人の迷惑になるものは飲食するな」ということです。これこそが、先生の問いかけの「論点」だったわけです。

論点が特定できると、さらに多くの具体案が出てきます。なぜかというと、「他人の迷惑になるかどうか」を軸に考えていけば、おのずと答えを導き出すことができるからです。このように論点を特定することができれば、飲食物だけでなく、さまざまなものを思い描くことができます。

例えば、パソコンはどうでしょうか。キーボードをたたくカタカタ音は、周りにいる人にとって意外と気になるものです。この視点で考えれば、パソコンは「音」のカテゴリーに入ります。ほかにも講義中のおしゃべりやメールの着信音なども、程度によりますが候補に挙げることができます。こうして思い浮かべてみると、かなりの数のカテゴリーが考えられそうです。

ほかにも「光」というカテゴリーはどうでしょうか。対象物としては、カメラのフラッシュなどが考えられます。経験したことがある人はおわかりいただけると思いますが、不意にフラッシュを浴びると本人だけでなく、周りの人も気が散ってしまうものです。

いかがでしょうか。いま見てきたように、まずは「論点を特定することによって、いま何について話しているのか」を明確にします。そうすることによって発想を広げていくことができるのです。論点が特定できないまま長時間にわたって議論しても、理想的な解決策を導き出すことはできません。それどころか、かえって混乱を増長させてしまう可能性すらあるのです。

大切なことは、ロジカル・シンキングの第一歩は「論点を特定する」ことです。つまり「いま、何について話をしているのか」をしっかりと認識することから始める必要があるのです。

(3) 事例演習—洋食レストラン編

実際にどのように「論点を特定」するのか、事例をもとに学習しましょう。

A町には、いま人気の小さな洋食レストランがあります。そして、あなたは、そのレストランのオーナーです。

最近、有機野菜をふんだんに使った料理が人気を呼び、連日お客様で一杯です。ただ、小さな店なので接客対応には限界があります。昨日も、お客様から「待ち時間が長い」とクレームを言われてしまいました。

さて、あなたならどのような解決策を講じますか？

あなたは、やっとの思いで洋食レストランをオープンさせました。お店は小さいものの徐々にファンが増え、いまは順調に営業を行っています。しかし、最近はピーク時に混み合うことが多くなり、とうとうお客様から「待ち時間が長い」というクレームを受けるようになってしまいました。

最初は「いままでこのようなことを言われたことはない。きっと、あのお客様が短気だったんだ」と思い、気にも留めていませんでした。ところが、他のお客様からも同様のクレームを受け、初めて「このままでは、お客様の足が遠のいてしまうかもしれない」と考えたわけです。

そこでオーナーは、閉店後に厨房スタッフ２人とホールスタッフ３人の全員を集め、次のように言いました。

「最近、お客様から、待ち時間が長いというクレームを受けている。明日から、もっと気合を入れて頑張ってほしい！」

すると、スタッフは不満げにこう言ったのです。

「そう言われても、どのように気合を入れればよいのかわからないのですが……」

どこにでもありそうな話です。そもそも、このお客様のクレームの問題の本質は何だったのでしょうか。

当初、このオーナーは「お客様の固有の問題」と捉え、特に気にせず、対策を取ろうとはしませんでした。その後、「このままではまずい」と気づくと、今度は「スタッフの気合の問題」と捉え、檄を飛ばしました。本質は本当にそこにあるのでしょうか。

もちろん、だらだらと仕事をしているスタッフがいたとすれば、それが原因の1つになっているかもしれません。しかし、いくらスタッフのお尻を強くたたいたところで、その効果には限界があります。

おそらくオーナーが言った「気合」というのは、スタッフに対してスピードアップをして欲しいという要望だったのでしょう。しかし、「待ち時間が長い」という問題は、単に「スタッフに気合を入れる」だけで解決できる問題ではありません。なんら検討することなく、オーナーの直感で原因を決め打ちしても、問題は解決しません。その前にもっと視野を広げて検討しなければいけないのです。

では、どのように視野を広げて検討すればよいのでしょうか。以下、具体的に見ていきましょう。

まずは、前述した「飲食して欲しくないもの」を考えた「飲食問題」のケースのように、決め打ちせず、思いついたものを、具体的に出していくことから始めます。例えば、スタッフ全員で自由に多くの意見を出し合いアイデアを引き出すブレインストーミングを行い、下記の一例のように意見を出してもらうことから始めるのも1つの方法です。

・スタッフの動きをもっとスピードアップさせる
・スタッフを増強する
・メニューを絞り込んで、スタッフの負担を軽くする

こういった意見は、「スタッフの効率性を高める」という視点からの発言であることがわかります。

一方、次のような意見は「店舗のパワーアップ」という視点からの発言であることがわかります。

・レストランのホールを増改築する
・レストランの厨房を広くし、調理器具等を増やす
・近くに2号店をオープンさせる

上記のような「店舗のパワーアップ」は、どれも時間とコストが掛かるので、実際に着手するのは難しいかもしれません。しかし、ブレインストーミングにおいて重要なのは、そうした意見を否定せず、あらゆる角度から多くの意見を引き出すこと。つまり、どのような方法があるかを洗い出すことが重要なのです。もちろんビジネスにおいて、時間やコストといった制約を無視することはできませんが、まずはそうした制約を意識せず、できるだけ多くの解決策を出し合うべきなのです。

なぜかというと、そのような視点に立つことによって、他にもさまざまな解決策が見えてくるからです。その1つが、発想を逆転させることで見えてくる「お客様を減らす」という考え方です。本末転倒のように思えますが、そもそも待ち時間が長くなる大きな原因は、お客様の数が増えてきたことにあるわけです。であれば、「お

客様を減らす」ことを目標に、以下のような対策を講じることも考えられます。

- メニューの値段を上げる
- 予約制にする
- 時間制にする

こうして見ると、実際に導入している店舗が少なからずあることに気づきます。需要と供給の関係を考えれば、お客様が多くなることによって「需要>供給」という関係が成り立つので、経済学的視点に立てば、「値段を上げる」という方法も、当然候補になります。皆さんの周りにも、土日と祝祭日だけ一品増やすなどして、少々お高めのメニューに差し替えている店舗があるのではないでしょうか。

また、「予約制にする」ことで入店を制限する方法もあります。確かに、足しげく通うお客様の数は減るかもしれませんが、より快適で質の高いサービスを提供することが可能になります。こうした予約制は、主に高級レストランなどが採用しています。

ほかにも週末の居酒屋等でよく見かけるのが、「2時間飲み放題」といった時間制にする方法です。一定の時間がきたらお客様を入れ替えるため、予約は受け付けやすくなるし、回転率を上げることにもつながります。

少々話が長くなってしまったので、ここでいま一度原点にかえることにしましょう。何をするかというと、「そもそも何について話をしているのか」を改めて確認します。そうです。「飲食問題」のときに行ったように、論点を特定していきましょう。

あのときの論点は「他人の迷惑になるかどうか」ということでし

た。では、この洋食レストランの論点はどこにあるのでしょうか。

例えば、「待ち時間を短くできるかどうか」を論点に検討するのはどうでしょうか。この論点ですと、最初に考えられるのは、「スタッフの効率性を高める」ことや「店舗のパワーアップ」でしょうか。しかし、前述したとおり、スタッフを増強させたり、店舗を大きくしたりすると新たなコストが発生します。しかも、もし人気が一時的なもので終わってしまえば、人件費や店舗の固定費を賄いきれなくなるというリスクが生じます。そうしたリスクを考えると、急激にスタッフの増強や店舗の拡大を行うという考えは、最良の選択肢とは言えそうにありません。

そこで、もう少し考えの幅を広げてみましょう。論点を「待ち時間を短くできるかどうか」ではなく、「どうすればお客様の不満を和らげることができるのか」に変えてみるのです。

いかがでしょうか。論点をお客様の「不満」と捉えなおすことによって、さまざまな対処法がイメージできることがおわかりいただけるのではないでしょうか。

考えの幅を少し広げるだけで、例えば、次のようなアイデアが浮かんできます。

・待っているお客様のために、椅子を設置する
・注文を早めにとる
・テレビや雑誌などを置く

残念ながら、これらの対策では待ち時間を短くすることはできません。しかし、待ち時間を苦痛に感じさせないようにする、つまり待ち時間を楽しく過ごしてもらうようにするという考え方も1つの解決策と言えます。意外に思われるかもしれませんが、行列ができ

るお店が行っている工夫には、こういう類の対策も少なくないのです。

このように論点を「待ち時間を短くする」から「お客様の不満を和らげる」と捉えなおすことによって、思考の範囲をグンと広げることができます。

重要なのは、「いま、何について話をしているのか」、そして「何が問題なのか」ということを、常に意識することです。「論点を特定する」ことによって、見えなかったことも見えてくるようになるのです。

2. 論理 論理展開の前提を疑う ～何を言えばよいのかを考える～

⑴ 演繹法と帰納法

問題の本質を見極めるためには、前章で勉強した演繹法や帰納法の考え方をフル活用する必要があります。「論理の飛躍」、「誤った前提」、「暗黙の前提」、「偏った事象」といった論理の誤りを1つずつ確認することによって、初めて問題の本質が見えてくるのです。

なかでも、重要なポイントになるのが論理の前提を疑うことです。

⑵ 事例演習―プロジェクト・リーダー編

とある会社で、新規プロジェクトを立ち上げるため、社内でプロジェクト・リーダーを募集したところ、応募者の1人が、下記の主張を前面に押し出してきました。さて、あなたなら、どのような指摘（アドバイス）をしますか。

私には、人を動かすリーダーシップが備わっています。新規プロジェクトの成否の決め手はチームワークです。プロジェクト・リーダーとして、メンバーをぐいぐい引っ張っていきたいと思っています。

私は、学生時代にバレーボールをやっていました。花形のポジションを任され、かつキャプテンとしてチームを学生チャンピョンに導きました。よって、逆境に耐える精神力にも自信があります。新規プロジェクトを成功させることは決して簡単ではありませんが、私なら成功に導けると自負しています。

一見すると、理路整然としているように見えますが、よく見ると問題だらけの主張であることがわかります。まず冒頭で「私には、人を動かすリーダーシップが備わっています」と主張しています。であれば、次にその根拠を示すべきなのに、なぜか「新規プロジェクトの成否の決め手はチームワークです」という主張が続いています。残念ながら、この2つに根拠はないので、信憑性を担保する論理構成にはなっていません。

ただ、よく見ると次の段落で根拠らしきことが語られています。学生時代にバレーボールをやっていたこと、花形のポジションを任され、かつキャプテンをしていたことなどが、示されています。しかし、冷静に考えれば、新規プロジェクトとバレーボールの関係性が明確にされてはいないので、これだけでは「論理の飛躍」と言われても否定できません。

さらに「花形のポジション」が、何を意味するのかも不明確です。そもそもバレーボールに詳しくない人にしてみれば、花形のポジションがどこで、どのような役割なのかがわかりません。キャプテンを務めたと言っていますが、イヤイヤやらされた可能性も考えられますし、学生チャンピョンになったという話も、そもそも何チームが参加して優勝したのかもわかりません。2、3チームであった場合は、それほどの功績とは言えないでしょう。

つまり、上記の主張には「なぜそう言えるのか？」といった根拠が明確に示されていないので、稚拙な論理構成と言わざるをえません。バレーボールのたとえも、単に個人的な思いを、あたかも不変的な法則のように論理をすり替えているように見えます。あなたには、こうした点についてアドバイスをすることが求められている、と考えてよいでしょう。

以上見てきたとおり、論理の誤りを1つずつ確認していくことによって、一見論理的に見える主張も、実は矛盾だらけだということが見えてきます。そうした矛盾を排除した主張をするためには、論理の前提や根拠を1つひとつ明確にしていくことが重要なのです。

論理展開の前提を疑いつつ、「何を言えば、相手に伝えたいことが伝わるのか」を考える。その思考展開こそが、ロジカル・シンキングなのです。

3. 論理 論点に応える枠組みを構築する ～フレームワークを考える～

⑴　枠組み（フレームワーク）の構築

ここまで、論理の構造について「論点を特定する」、「論理展開の前提を疑う」という２つの視点から説明してきました。３つ目は、「枠組み（以下、フレームワークと記載）を構築する」という視点から説明します。まずは、これまでの流れ(ステップ)を復習しましょう。

■ステップ１：論点を特定する

まずは、「そもそもいま、何に関する話をしているのか」を全員が認識するところからスタートします。何を考え論じるべきなのか、これが論点です。論点が特定できていないと、その後の論理展開にブレが生じてしまいます。つまり、「論点を明確にすることが議論の第１歩」と言えるのです。換言すれば、論点を特定しないまま議論を進めても、決して明確な結論を導き出すことはできないということです。

■ステップ２：論理展開の前提を疑う

前提に誤りがあれば、当然そこから導き出された結論も間違っています。ところが人は往々にして、その落とし穴に気づかず、落ちてしまうのです。では、どうすれば、そうしたリスクを回避することができるのでしょうか。

それは、そもそもの前提を疑ってみること。つまり、「本当にその前提でよいのか」と前提を疑ってみるからはじめることが重要です。繰り返しますが、そのツールとなるのが、論理展開の基本である演繹法や帰納法の考え方なのです。

■ステップ3：フレームワークを構築する

フレームワークとは、「ビジネス上の課題を明確にし、その解決を検討するための枠組、構造」のことを言います。話し相手に対してさまざまな観点から論理展開をすることによって説得力が高まっていくのです。

例えば、いまあなたは「会社を辞めたい」と思っているとします。そこで、上司に対して以下のような思いを伝えました。

- 休みが少ない
- 給料が少ない
- 仕事が楽しくない

いかがでしょうか。このように自分が会社の気に入らない、不満に思っていることばかりを主張しても、説得力のある訴えにはなりません。逆に単なる「わがまま」と受け止められ、見放されてしまうかもしれません。

では、次のように主張すると、上司はどのような印象を持つでしょうか。

- やりたいことがあり、いまの会社では実現できない
- いまなら仕事の区切りがよいので、他の社員に迷惑をかけないですむ
- 次の仕事が決まりつつある

上記の主張は、「自分の想い」、「他人への影響」、「就職活動の現状」と、異なる3つの視点から主張しています。前述した「会社のここが嫌だ」という一点張りの主張より、数段説得力が増しています。

他にも、まだ説得力を高める主張はあると思いますが、押さえるべきポイントは共通しています。それはさまざまな角度から主張を展開すること。つまり、多面的に主張を展開することによって、説得力のあるフレームワークを構築することができるのです。

次の事例演習によって、さらに理解を深めていきましょう。

（注）論理的主張をするための論理の構造化には、ステップがもう1つあります。それは最終段階の〔■ステップ4：ピラミッド・ストラクチャーを作成する〕です。このステップについては、P.87で詳述します。

⑵　事例演習―プレミアム・ビールの営業編

あなたは、アルコール飲料メーカーで営業の仕事をしています。新商品のプレミアム・ビールが発売されることになり、大手スーパーのアルコール売り場の棚へ、大々的に商品を陳列してもらう交渉をすることになりました。あなたは、大手スーパーの店長に対してどのような交渉を行えばよいのでしょうか。

この論理展開について、順を追って具体的に見ていきましょう。

■ステップ1

まずは、「論点を特定する」ところから始めます。決断する大手スーパーの店長の気持ちになって考えれば、必然的に論点は「新商品のプレミアム・ビールを店頭の棚に陳列すべきかどうか？」になります。そして、あなたからすれば、「店頭の棚に陳列すべきだ」という結論に至らせなければいけないわけです。

■ステップ2

次に、「論理の前提」を疑います。最終的な目標は、もちろん陳列してもらうことです。そのためには「何を言えば店長の心を動かせるか」を考えていく必要があります。

おそらく多くの方が、「自社の新商品がどれだけ素晴らしいかを訴えること」が重要と考えるのではないでしょうか。もちろんそれも大切なことですが、果たして自社の新商品の素晴らしさを訴えるだけで、本当に店長の心を動かすことができるのでしょうか。

基本に立ち返れば、店頭の棚に陳列する商品を選定する決裁者は、店長です。その店長に対するプレゼンテーションに臨むわけですから、まずは前提となる店長の置かれている状況・立場を見極めるべきではないでしょうか。

チェーン展開している大手スーパーの場合、店長の多くが雇われ店長です。そんな店長の立場で考えれば、売り上げのノルマや利益率、在庫の状況などが気になるはずです。パートやアルバイトの店員がレジの合間に品出しをすることになっている店舗であれば、労力がかからないことも魅力的かもしれません。このように、まずは店長の立場になって考えることが重要なのです。

■ステップ3

次のような切り口のフレームワークを考えたとしましょう。

●切り口1：販売数が増える

新商品のプレミアム・ビールは、従来の商品に比べ品質がよく、同業他社の同等の商品に比べ価格も抑えてある。今後、テレビCM等も行う予定である。マーケティング調査の結果から、販売数は1.5倍を見込んでいる。

●切り口2：利益率が高まる

この商品は、仕入れ価格を抑えているので、従前の商品より利益率が高く設定されている。その分、利益は大きくなる。

●切り口３：陳列の手間がかからない

発売から３ヵ月間は、我々営業のスタッフが仕入れから在庫管理、陳列まで行う。よって、陳列等の手間が省け、労力がかからない。

仮にこのようなことが可能であれば、店長にとって「数が売れて、利益率が高く、手間もかからない」わけですから、間違いなく魅力的な商品と感じるはずです。なお、この3つの切り口の前提は、上記にあるように根拠があるものとします。少なくとも「このプレミアム・ビールは、とても美味しいので、ぜひ店頭の棚に陳列させてください」とだけお願いするより、アピール度は格段に高まるはずです。

重要なのは、一点張りの主張ではなく、さまざまな角度から主張していくことです。ラグビーでスクラムを組むように、フレームワークを活用することによってさまざまな観点から論理展開していく。そうすることで訴える力は倍増するのです。

(3) 事例演習―ベストセラー編

予備校の授業で国語の先生が、次のように言いました。「最近のベストセラー本は、売り上げはよいかもしれないが、世の中に浸透していない」。この意見に賛同したあなたは、家に帰り姉にその話をしました。

すると意外にも姉は、「そうかな？私はそうは思わないけど」と反論してきました。あなたは、何とか姉に国語の先生の意見が正しいことを訴えたいと思っています。姉を納得させるためには、何を根拠に訴えるべきなのでしょうか。

少々、難易度が高い問題です。一読しただけでは、多くの方が「何をどのように論理展開していけばよいのか」、おそらく考えつかないのではないでしょうか。しかし、心配する必要はありません。いままでのノウハウを総動員し、一歩ずつ考えていけば、必ず糸口は見つかります。

まずは、「あなた」の考えを再確認します。あなたは、予備校の国語の先生の意見に賛同しており、その意見に姉を含め多くの人に賛同してもらいたいと思っています。具体的には、以下の意見です。

「最近のベストセラーの本は、売り上げがよくても、世の中に浸透していない」

それでは、段階を踏んで検討していくことにしましょう。

■ステップ1：論点を特定する

まずは、論点を特定していきます。上記の一文から「最近のベストセラーの本は、世の中に浸透しているかどうか」が論点になるのは明らかです。そして、あなたは「浸透していない」という結論を導き出したいと考えています。つまり、これがあなたの主張したい結論でもあるわけです。

論点：世の中に浸透しているかどうか
結論：世の中に浸透していない

■ステップ2：論理展開の前提を疑う

まず注目すべきなのは、「最近」という文言です。国語の先生が言った最近とは、いったいどのくらい前のことを指しているのでしょうか。「最近」と一口に言っても、過去2、3ヵ月と考える人もいれば、

2、3年と考える人もいます。場合によっては、過去10年くらいと考える人がいるかもしれません。

この状態のまま、つまり明確に定義づけを行わずに議論を進めてしまうと誤った結論を導き出してしまう可能性があります。そうしたリスクを避けるためには、「最近」を「ここ10年」とか「2000年以降」といったように、具体的に表現する必要があります。

次は「ベストセラー」という言い方です。一般的にベストセラーとは、突出して売れている本のことを指します。ただし、これはあくまでも相対的に比較したときの表現であり、人によって受け止め方はさまざまです。例えば、「大型書店で売上ランキングがベスト10に継続して入っていればベストセラーと言える」、あるいは「一度でもベスト10に入ればベストセラーと言える」といったように、より具体的な定義づけをする必要があります。

そして「売り上げがよい」という表現もあいまいです。例えば、「10万部以上ならまずまずで、20万部以上売れれば売り上げがよいのか」、はたまた「販売量ではなく販売金額が大きいことがよいことなのか」が不明確です。そもそも、小説と専門書では明らかに売れる平均的な部数が違います。つまり、本のジャンルによって、売り上げの良し悪しは相対的に異なるはずです。

このように前提を疑ってみると、意外とあいまいな表現を使っていることに気がつきます。そこで曖昧な前提を、以下のように明確に定義づけしてみましょう。

「最近」　　　　→「直近5年」
「ベストセラー」→「週刊売上ランキングのベスト5以内が3回以上」
「売り上げがよい」→「累計販売量100万部以上」

いかがでしょうか。このように明確になると、論点から結論を導き出す方法もクリアになります。

■ステップ3：フレームワークを構築する

次に、論点に対応した枠組みを構築していきます。繰り返しますが、論点は「浸透しているかどうか」、主張したい結論は「浸透していない」ということです。

では、どのように考えていけば「浸透している」、「浸透していない」を明確にすることができるでしょうか。この解釈の仕方が、最大のポイントになります。

さっそく、賛同した先生の言葉を前述した前提条件に置き換えてみましょう。

「直近5年で、売上ランキングベスト5に入ったことのある本で、累計販売量が100万部以上売れているからといって、世の中に浸透しているとは限らない」

まず、目に入ってくるのが「直近5年」です。「直近5年」ということは、「5年以上前までは浸透していたが、ここ5年以内の作品は浸透していない」と主張することができそうです。

また、その期間内に、売上ランキングベスト5に3回以上入ったことのある本で、累計販売量が100万部以上売れている本を調査しピックアップしてくれば、根拠として成り立ちます。

問題は、どのようなフレームワークを構築すればよいのか、という点です。そのためには、何をもって「浸透している」または「浸透していない」と主張するかを定義づけする必要があります。

そこで、前述した「飲食問題」や「洋食レストラン」の事例演習と同じように、ブレインストーミングによって「浸透しているかどうか」を判断することにしましょう。以下、具体的な事例により検討しましょう。

直近5年以内に発売されたベストセラー本は、それ以前の本と比べて以下のような点に違いがあれば、例えば「浸透していない」と判断できるのではないか。

①　若者にしか読まれていない
②　会社員にしか読まれていない
③　都市部で生活している人にしか読まれていない
④　短期間しか売れていない
⑤　売れたのは知っているが、本のタイトルまでは思い出せない
⑥　本の内容までは話すことができない

①～③は、年代や地域、職業によって偏りがあり、幅広い層に読まれていないことがわかります。「浸透している」とするためには、読まれている幅の「広さ」が必要になりそうです。

④をみると、たとえベストセラー入りしても、一瞬で忘れ去られてしまうような本は、「浸透している」とは言えません。長期間継続して人気があり、それ相応の期間売れ続けること。つまり、一定期間の「長さ」が求められそうです。

⑤、⑥は、「ベストセラーになっているのは知っているが、読もうと思うほど興味が持てない。だから本のタイトルや作家の名前を思い出すことができない」というレベルです。仮に読んでいても、本の内容をほとんど覚えていない人もこれに含まれます。こうしてみると、本の内容に関する認知度の「深さ」も重要な要素と言えそうです。

もちろん、もっとたくさんの例を出し合うことによってさまざまなグルーピングをするのが理想ですが、ここでは便宜上6例にしぼりました。それでも、上記のとおり「広さ」、「長さ」、「深さ」とい

うフレームワークを構築することができます。このように、「具体的な情報をいかにグルーピングしていくか」が、フレームワーク構築の重要なポイントになるのです。

それでは、実際に「直近5年以内に発売された本は、それ以前と比べて浸透していない」という主張を、上記の「広さ」、「長さ」、「深さ」というフレームワークを使って論理展開してみましょう。

「広さ」：読まれている年代、職業、地域等に偏りがあり、読者層の幅が狭い

「長さ」：長期間継続して売れているわけではなく、印象に残る期間が短い

「深さ」：本を読み返したり、内容を詳細に覚えているといった深い思い入れはない

上記の点を検証し、事実であるならばそれを主張することで、「浸透していない」という結論を導くことができそうです。もうおわかりいただけたと思いますが、フレームワーク構築のポイントは「さまざまな具体的事象をどのように解釈するか」にあり、フレームワークを構築することによって、初めて説得力のある論理展開が可能になるのです。

次は、「構築したフレームワークをどのように分析・検討するのか」という点です。ここで重要なのは、フレームワークの各要素（キーラインという）について、さまざまな角度から検討することです。モレなくダブリなく、MECEであることが理想ですが、完全なMECEまではできなくても、切れのある感度と高い精度が求められます。

なお、上記の事例はあくまでも演習のための参考例です。実際には、上記の仮説の真偽をリサーチし、十分なデータを得たうえで主張する必要があります。

(4) 代表的なフレームワーク

(3)の事例演習では、「広さ」、「長さ」、「深さ」というフレームワークを構築することによって論理を展開しました。意外に難しいと思われたかもしれませんが、マーケティングの世界は、他にもさまざまなフレームワークで満ち溢れています。

こうした先人の知恵は、大いに役立てたいものです。慣れるまで多少「ハードルが高い」と感じるかもしれませんが、会得すれば意識することなく活用できるようになります。以下に代表的なフレームワークを5つ紹介しますので、ぜひ参考にしてください。

① PEST

PESTとは、Politics（政治）、Economy（経済）、Society（社会）、Technology（技術）」の4つの頭文字を取った略称で、「自社が属する業界に対して影響を及ぼす要素を考えるときのフレームワーク」のことを言います。つまり、自社の外部環境に関する分析を行うためのフレームワークで、向こう10年位をイメージし、常にMECEを意識しながら構築していくのがポイントです。

ここでは、自動車業界を例に考えてみましょう。例えば、Politics（政治）の介入により排ガス規制が厳しくなったとします。そうすると、現状の商品では対応できなくなる場合があるので、業界として大きな影響を受けることになります。Economy（経済）については、いうまでもありません。どの業界でも注視しており、必ずといっていいほど影響を受けます。Society（社会）も、例えばその国の文化、社会状況などによって、販売額が左右されます。最後のTechnology（技術）についても、自動運転や電気自動車などが可能になると、そもそも業界をひっくり返すほどの影響が出てきます。

図表30 PEST分析（マクロ環境分析）

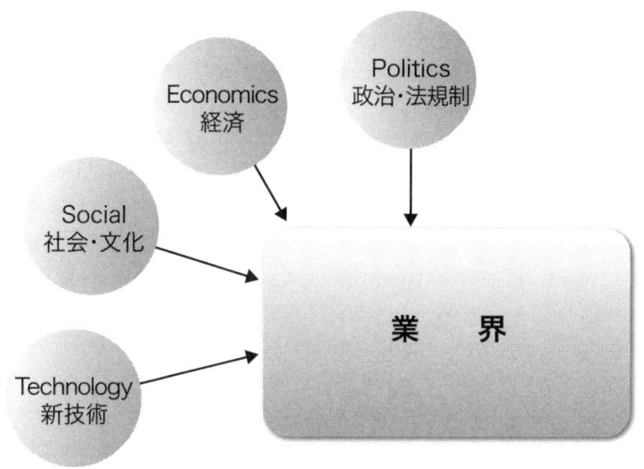

このようにPESTは、自社の業界に与える影響が大きく、密接に関係する重要な要因や環境変化を分析するために用いられます。

② 5F（5つの力分析）

5Fとは、5つの力（Forces）のことで、**図表31**のとおり、「業界内の競争関係」を中心に、「新規参入の脅威」、「売り手の交渉力」、「買い手の交渉力」、「代替品の脅威」といった力が取り巻いています。この5つの力を分析することで、競争戦略における業界の収益構造を把握していきます。

ご存知のとおり、売上からコストを差し引いたのが利益です。つまり、利益はコストに大きく左右されます。

まずは5Fの1つ、「売り手の交渉力」を例に考えてみましょう。「売り手の交渉力」とは、例えば小売店であれば、相対する卸売業者の力が、それに相当します。もし小ロットしか仕入れないのであれば、仕入れ額は割高になるかもしれません。「そうは問屋が卸さない」ということわざがあるとおり、卸売業者の力が強いと、小売

図表31 5F分析（業界環境分析）

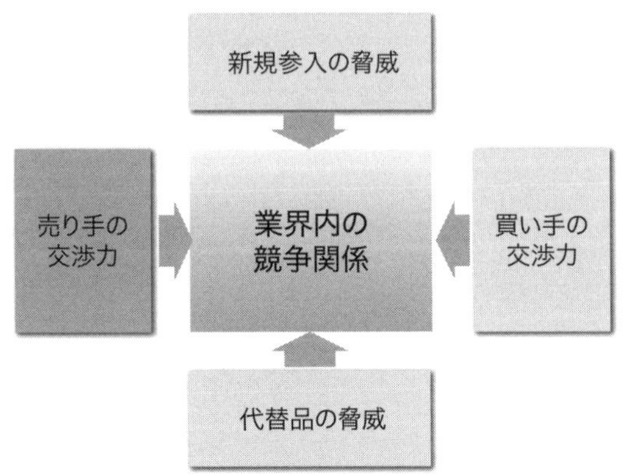

店としてはコストアップの要因になり、結果的に利幅が圧縮してしまいます。

次に「業界内の競争関係」ですが、例えば商品に差別化がない場合は、価格を下げざるを得ません。その結果、競争は価格競争に傾斜していき、当然、売り上げが下がり、利益も減少します。「新規参入の脅威」も、業界内へ新規参入者が流れ込めば、より業界内の競争は激しくなるし、「買い手の交渉力」が強くなれば、同じ商品であれば買い手はより安いところで購入します。ここでも価格競争に陥ってしまうのです。

最後の「代替品の脅威」ですが、新技術等により全く新しい商品に取って代わられると、それこそバナナのたたき売りの状態になってしまいます。音楽業界を例に見てみましょう。かつてはレコードが主流でしたが、それがCDへと移り、いまではスマホ等にダウンロードするのが一般的です。さらに最近は、音楽のデータを購入するのではなく、サブスクリプションといって、一定期間の利用に対して代金を支払う方式が主流になりつつあります。これは、特定の曲を購入（所有）するのではなく、一定の期間に多くの曲を聴くこ

図表32 業界の魅力度

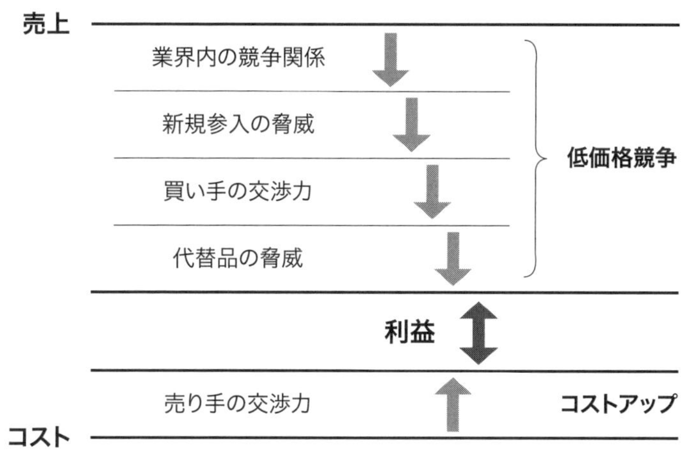

とができる権利（利用）を購入するというビジネスモデルです。このような環境変化によって、いまやCDの売り上げは右肩下がりです。音楽業界は、まさに「代替品の脅威」が席巻していると言っても過言ではない状況です。

このように自社を取りまく5つの力の強弱が、利益に大きな影響を与えます。それを図式化したのが**図表32**ですが、この図からもわかるとおり、5F分析を行うことによって、業界の利益構造を把握することが可能になるのです。言い方を変えれば、5F分析は業界の魅力の度合いを計るのに欠かせないフレームワークと言えるでしょう。

③ 3C分析

3C分析は、ミクロ環境分析の1つで、市場・顧客（Customer）、競合（Competitor）、自社（Company）という3つの視点から、自社の戦略を導き出す分析方法です。「そもそも誰が自社の顧客なのか」、そして「ライバルはどこなのか」といったことを明確にしないままビジネスを行っている企業が、日本にはまだまだたくさんあります。この3C分析を使ったフレームワークを構築することによって、初めて実務的な対応が可能になります。

図表33　3C分析

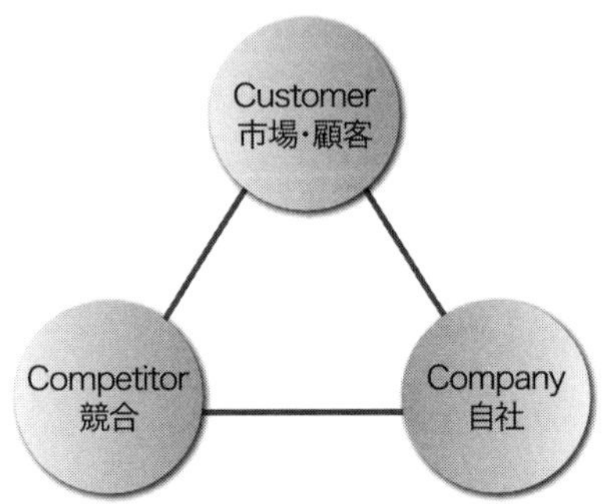

もう少し深く考えていきましょう。

まずは、「市場・顧客」について見ていきましょう。ここでは、「どのようなニーズがあるのか」を考えることがポイントになります。「顧客が困っていること、不自由を感じていることなどを調査し、自社がその問題を解決できるかどうか」を分析します。つまり、「顕在化したニーズを把握していく」というスタンスです。

もう一つ、潜在的なニーズを創造することも重要なポイントです。顧客自身は不自由さを意識していなくても、具体的にその商品・サービスに出くわすと、「こんな商品、サービスが欲しかった」と感嘆の声をあげるケースがよくあります。つまり、ここでは「感動を覚えるような体験を提供する」という発想が求められます。このように「市場・顧客」のカテゴリーでは、「顕在化したニーズの分析」と「潜在的なニーズの創造」が重要なポイントになります。

次に「競合」です。ここでは、「直接的競合」と「間接的競合」という2つ視点で考えていきましょう。例えば、牛丼屋さんの競合はどこでしょうか。もちろん、1つの視点は他の牛丼チェーン店となります。これが「直接的競合」です。一方、「ランチ」というテーマで考えることもできます。そうなると、多種多様なお店が強力なライバルになってきます。これを「間接的競合」と呼びます。例えば、「時間（早さ）」をテーマにすれば、ハンバーガーチェーンやコンビニエンスストアなどが、「場所（空間）」であれば、コーヒーチェーンなどがライバルになります。他にも、「価格（安さ）」や「質（おいしさ）」など、テーマを変化させることで、様ざまなライバルを想定することができます。

具体的にどのように分析するか、そのポイントは、次のとおりです。まず直接的競合ですが、この場合は、「自社との違いから共通点を考えていく」ことがポイントになります。同じ牛丼チェーンであれば、「自社と他社は何が異なるのか」ということから考えていきます。一方、間接的競合の場合は「自社との共通点から違いを考えていく」ことになります。例えば、自社とハンバーガーチェーン、コーヒーチェーンの共通点は何かを検討し、そこから見えてきた共通点をもとに差別化要素を見つけていくというスキームになります。

最後は「自社」の分析です。せっかく市場のニーズを見つけることができても、自社にそのニーズにマッチした商品やサービスがなければ、絵に描いた餅でしかありません。自社の課題を見つけ、解決していく姿勢がなければ、「市場・顧客」、「競合」の分析もまったく意味をなさないのです。

もう1つ、解決できるとすれば、どのようなポジション（立ち位置）で競合と差別化を図り、勝負していくかも検討しなければいけません。そのうえで、「市場・顧客」や「競合」に対して、自社がコントロール可能なことと、不可能なことを整理し、戦略を立案していくのです。

④　マーケティングの4P

4Pとは、製品（Product）、価格（Price）、流通（Place）、販売促進(Promotion)のことを指します。マーケティング戦略において、望ましい反応を市場から引き出すためには、マーケティング・ツールを組み合わせる必要があります。それをマーケティング・ミックスと言い、通常上記の4つの要素をもとに検討します。

なお、最近は販売促進のことをコミュニケーションと呼ぶことがあります。

図表34　マーケティング・ミックス

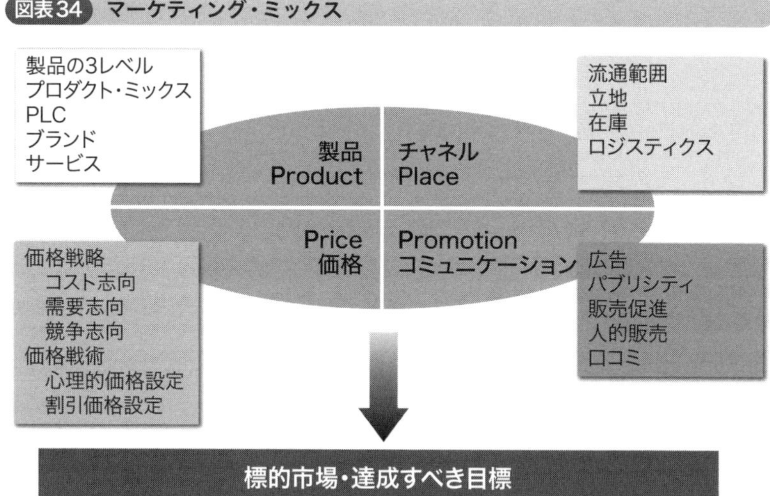

⑤　SWOT分析

自社の外部環境と内部環境を整理し、成功要因を見つけ出す分析手法です。内部環境は「強み（Strengths）と弱み（Weaknesses）」、外部環境は「機会(Opportunities)と脅威(Threats)」によって整理・分析を行います。

問題は、「内部環境は努力することでコントロールできますが、外部環境は自前でコントロールできない」ということです。つまり、

図表35 SWOT分析

外部環境の変化にいかに適応していくかが、ビジネスにおける大きな勝因の決め手の1つになるのです。

図表36は、上記①〜⑤をまとめたチャート図です。

内部環境の中にリソースとありますが、これは企業の経営資源の

図表36 戦略上のフレームワーク

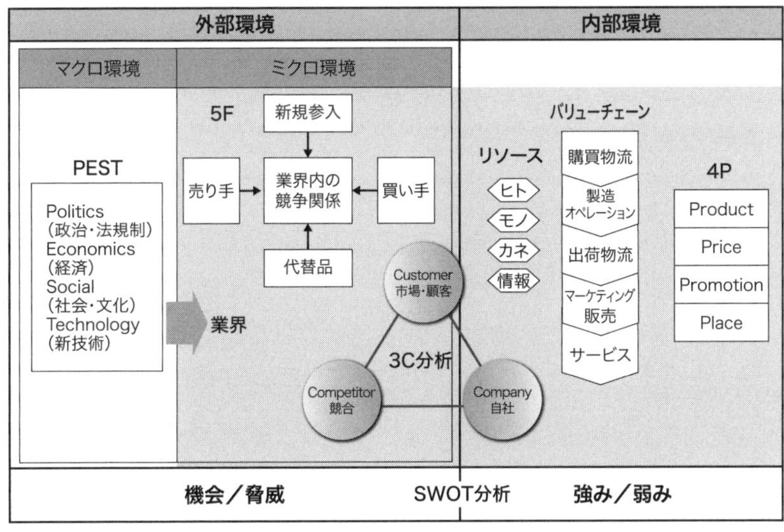

ことを指します。具体的には、有形資産である「ヒト」、「モノ」、「カネ」と、無形資産である「情報」を総称してリソースと言います。このうち「モノ」については、「資本」と考えるとわかりやすいでしょう。例えば、ものを生産するには工場が必要ですし、農業を行うには田畑が必要です。ほかにも機械を修理する道具なども、この「モノ」に該当します。

同じく内部環境の中にバリューチェーンとありますが、これは日本語で言うと「価値連鎖」です。具体的には、「購買物流」、「製造・オペレーション」、「出荷物流」、「マーケティング・販売」、「サービス」といった一連の流れの中で、どのように付加価値を生み出していくかを分析します。

一見すると専門的な用語が並んでいるため、マーケティングになじみのない方には、「ちょっと難しい」と感じるかもしれませんが、心配する必要はありません。私がここでお伝えしたいのは、これらの用語の細かな意味ではなく、あくまでも「フレームワークは多種多様な方法によって構築することが可能だ」ということに過ぎないからです。つまり、重要なのは「難解な用語を理解する」ことではなく、あくまでも「フレームワークの構築には多種多様な方法がある」ということです。

なお、ここで紹介した5つのフレームワークは、主にビジネス上の戦略やマーケティングを行うとき、最低限身につけておきたいスキルです。こうしたフレームワークを用いた論理を展開できれば、説得力は格段に増すはずです。

4. 論理 ピラミッド・ストラクチャーを作成する ～論理の構造化～

(1) ピラミッド・ストラクチャーの導出

世の中には情報が溢れかえっています。その情報をいかに整理し、まとめて考えることができるかが、ビジネスの問題を解決するうえで重要なスキルになります。

現代社会においては、下図のように常に情報が混在しています。それらの混在している情報から共通点を見出し、○、△、□といったカテゴリーに分類することによって、はじめてカテゴリーごとの特徴が見えてくるのです。

図表37 ニーズ把握と課題整理力

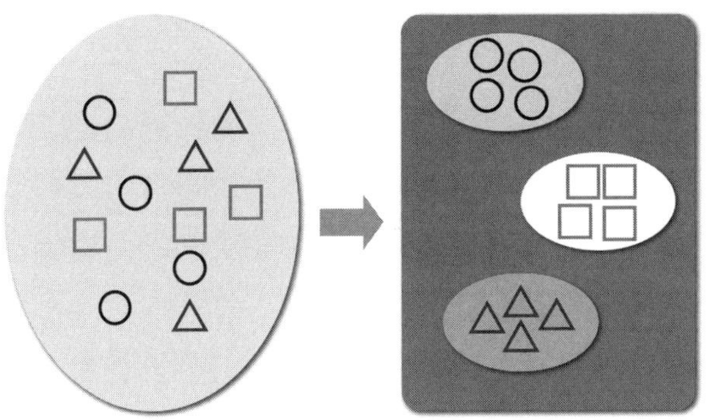

具体的にカテゴリーに分類するには、どうすればよいのでしょうか。思いだしてください。そうです、第1章の**Ⅱ 2**(2)で説明した帰納法を活用すればよいのです。

実際に帰納法を活用して情報をグルーピングすることによって、**図表38**のツリー図を描くことができます。その図において、フレームワークにあたるのが枠組みの部分で、○△□が該当します。このようにグルーピングすることによって、それぞれの分野ごとに結論を導き出すことができます。これがピラミッド・ストラクチャーの原型です。

図表38 ボトムアップによる論理の構造化

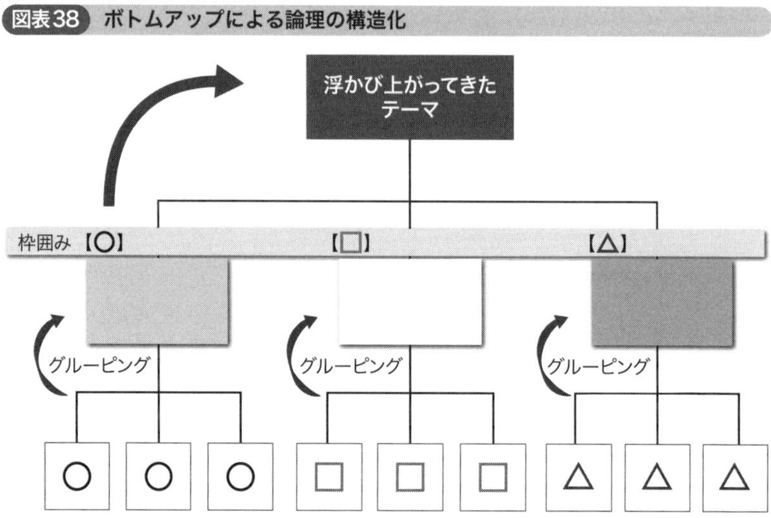

⑵ 事例演習「ベストセラー」のピラミッド・ストラクチャー化

いよいよ最後のステップ、ピラミッド・ストラクチャーの作成です。いままでの「総まとめ」とも言えます。

早速、前述した「ベストセラー」の事例演習を参考に、ピラミッド・ストラクチャーについて見ていきましょう。

改めて整理すると、論点「問い」は「世の中に浸透しているかどうか?」です。この問いに対して、主張したい点は「最近のベストセラー本は、昔のベストセラー本に比べて浸透していない」という結論です。これをメインメッセージと呼びます。

結論であるメインメッセージを支えているフレームワークは、「広さ」、「長さ」、「深さ」であり、その内容をキーラインと言います。

それぞれのフレームワークに対するキーラインは、次のとおりです。

フレームワーク	キーライン
広さ	読まれている年代、職業、地域等に偏りがあり、読者層の幅が狭い
長さ	長期間継続して売れているわけではなく、印象に残る期間が短い
深さ	本を読み返したり、内容を詳細に覚えているといった深い思い入れはない

なお、ここで挙げたキーラインは、さまざまな調査によって上記について証明できることが前提です。これを、ピラミッド・ストラクチャーに反映させると、**図表39**のようになります。

図表39には、メインメッセージとキーラインの間に、「So What?」と「Why? True?」という記述があります。この2つの記述について、簡単に説明します。

まず「So What?」ですが、これを直訳すると「だから、何?」

図表39 メインメッセージとキーライン

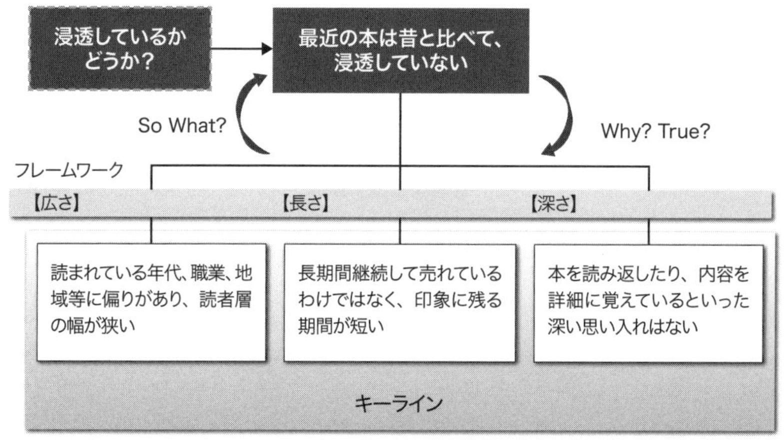

となります。つまり、3つのキーラインをもとに「だから何が言いたいのか？」と自問自答することによって、「最近のベストセラー本は、昔のベストセラー本に比べて浸透していない」というメインメッセージを導き出すことができるわけです。同時に、論理チェックもここで行います。

一方、「Why? True?」ですが、これはメインメッセージを見たときに生じる「なぜそう言えるのか？それは本当なのか？」という疑問です。ここでもメインメッセージを支えるキーラインが、その答えになるわけです。もちろん同時に論理チェックも行います。

本事例では、前述したとおりデータに裏付けがあることを前提に説明しているため省略しましたが、実際に取り組む場合は、それぞれのキーラインについても「Why? True?」と自分に問いかける論理チェックが必要です。つまり、実際にはフレームワークのもとになるキーラインのリサーチから始めることになります。

図表40が、本格的なピラミッド・ストラクチャーの図です。ピ

図表40 ピラミッド・ストラクチャー

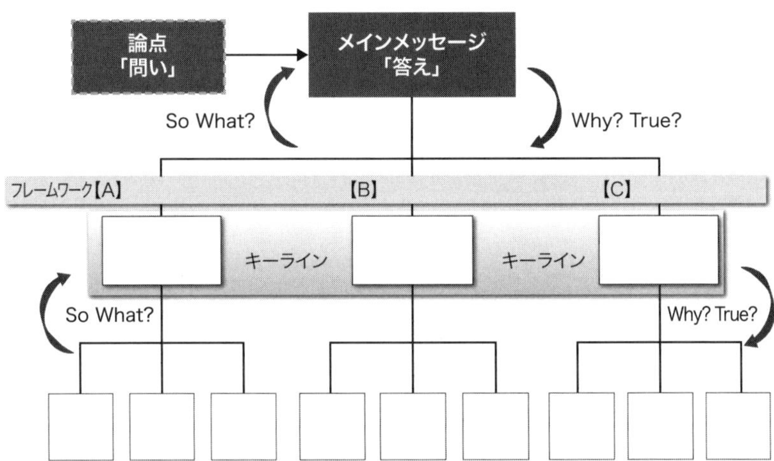

ラミッドの断面のように三角形のかたちをしているのがわかります。

ピラミッド・ストラクチャーを鳥瞰してみると、メインメッセージをトップにキーメッセージが配置される三角形になっていることに気づくと思います。このように「主張」を「根拠」が支える構造のことを「論理の三角形」と言います。なお、本事例では帰納法を活用した三角形を図示していますが、演繹法を活用した三角形ももちろん可能です。

5. 論理 総合演習：大手家電量販店との関係構築

あなたは、大手家電メーカーの部長です。ある日のこと、社長から特命のプロジェクトを立ち上げ、安売り大手家電量販店とどのような関係を構築するべきかを検討し、1ヵ月後に社長以下役員の前で検討結果をプレゼンテーションするよう指示がありました。

そこで、あなたは優秀な部下をプロジェクトに参加させさまざまな調査を行い、以下の調査結果を得ました。

あなたなら、この調査結果をもとに、どのようなプレゼンテーションを行いますか。

〈調査結果〉

① 家電製品における全国販売に占める安売り大手家電量販店のシェアが、5年前と比較すると急激に上昇し、今後も拡大する見通しである。

② ライバルのP社は、大手家電量販店向けの専門組織を設置し、営業活動を始めている。

③ 当社はこれまで販売店との関係強化に努め、売り上げを維持してきた。

④ 大手家電量販店最大手のY社の売り上げは1兆円を超え、すでにわが社における販売店の年商を上回っている。

⑤ ライバルのH社は、大手家電量販店が新規店舗をオープンするたびに、営業担当者を派遣し手伝っている。

⑥ 当社の売上、収益に低下傾向が見られる。

⑦ 大手家電量販店は、従来の単なる営業では攻略ができない。例えば、共同商品の開発などを要求してきている。

⑧ 大手家電量販店最大手のY社は、P社とH社に売上データの解析結果を一部提供するなど協力体制ができつつある

⑨ 従来の販売店からの反発を恐れ、大手家電量販店との関係構築が進んでいない。

それではセオリーどおり、論理展開のステップを踏みながら検討していきましょう。

■ステップ1：論点を特定する

まずは、論点を特定します。ここまでくれば、かなり慣れてきたのではないでしょうか。

ここでの論点は、「関係構築をすべきかどうか?」です。まだ、結論は見えてきませんが、「関係構築をすべき」または「関係構築をすべきでない」のどちらかになります。実際には白黒つけがたい微妙な結論になることも少なくありませんが、ここでは「どちらか一方」ということにしておきましょう。

■ステップ2：論理の前提を疑う

次に、本当に前提に誤りがないかをチェックする必要があります。ここでは、「部下から報告を受けた9つの情報には信憑性がある」という前提で話を進めることにします。

■ステップ3：フレームワークを構築する

いよいよフレームワークの検討に入ります。まずは部下から上がってきた9つの調査結果を熟読し、内容を把握します。そのうえで、「個々の内容から共通点を見つけ出し分類化する」というグルーピングを行います。

実際に9つの前提の内容を精査し、グルーピングを行ってみましょう。

> ①　家電製品における全国販売に占める安売り家電量販店のシェアが、5年前と比較すると急激に上昇し、今後も拡大する見通しである

①からは、家電量販店のシェアが急激に伸びてきていることがわ

かります。つまり、市場の状況が見て取れます。

> ② ライバルのP社は、大手家電量販店向けの専門組織を設置し、営業活動を始めている。

②からは、ライバル会社の動向が見て取れます。

> ③ 当社はこれまで販売店との関係強化に努め、売り上げを維持してきた。

③からは、自社の現状がわかります。

ここで、ちょっと立ち止まり、第2章の**3**「**⑷ 代表的なフレームワーク**」を思い出してください。

いかがでしょうか。上記の3つ内容をよく見ると、「市場」、「競合」、「自社」に関する情報が連なっています。ということは、前述した代表的なフレームワークの1つである「3C分析」を、そのまま活用することができそうです。

さっそく、このフレームワークごとにそれぞれの情報をグルーピングしてみましょう。

【第1グループ：市場】

①④⑦の3つは、大手家電量販店の状況に関する調査結果です。慣れてくれば、このグルーピングは難しくありません。難解なのは、次の作業です。

①④⑦に見出しをつけるとすれば、どのようになるでしょうか。3つの内容を把握し、共通点を見つけ、どのようなことを言っているのかを解釈していきます。一言で言えば、「要約」です。例えば、

「大手家電量販店の規模は拡大傾向にあり、当社への影響力も大きなものとなってきた」といった要約が考えられます。

【第2グループ：競合】

②⑤⑧は、ライバル企業の動向に関する調査結果です。

同様に、②⑤⑧に見出しをつけるとすれば、どのようになるでしょうか。ライバル企業について書かれているので、「ライバル企業は、大手家電量販店と密接な関係を築き始めている」という見出しが考えられます。

【第3グループ：自社】

最後に、③⑥⑨のグループです。ここには、自社の状況が記されています。その内容から、「従来の販売店中心の営業に陰りが見え始めているが、大手家電量販店との関係構築は進んでいない」という見出しが考えられます。このようにして、グルーピングと見出しを作成し終えたら、次はフレームワークの構築です。

本事例では、「3C分析」を利用して、第1グループを「市場」、第2グループを「競合」、第3グループを「自社」というグルーピングを行いましたが、実際に作業を行うときは、それだけでは不完全です。完全な形のピラミッド・ストラクチャーを作成するためには、ボトムアップで作成するグルーピングとトップダウンで考えるフレームワークの構築を、交互に行いながら作成する必要があります。

具体的には、9つの調査結果を十分に読み込み、常にどのようなフレームワークがあてはまるかを意識しながらグルーピングを行うこと。それには、ある程度の慣れが必要ですが、繰り返しトレーニングをすれば誰でもできるようになります。失敗を恐れずに、できるだけ数多くトライしてください。

■**ステップ4**：ピラミッド・ストラクチャーを作成する

いよいよピラミッド・ストラクチャーの作成です。繰り返しますが、「論点」は「関係構築をすべきかどうか?」です。まだ結論は導き出せませんが、部下の9つの調査結果をもとにフレームワークの構築及びグルーピングを行うことによって、下記のようなキーラインを得ることができました。

【市場】 大手家電量販店の規模は拡大傾向にあり、当社への影響も大きなものとなってきた。

【競合】 ライバル企業は、大手家電量販店と密接な関係を築き始めている。

【自社】 従来の販売店中心の営業に陰りが見え始めているが、大手家電量販店との関係構築は進んでいない。

この3つのキーラインから、メインメッセージを検討していきます。まず市場ですが、大手家電量販店が勢力を増しつつあり、競合は関係強化に積極的に動いています。一方、自社はどうかというと、まだ何の対策も打てていない状況です。競合他社の動向にかんがみれば、「関係構築を早急に行うべき」ことは明白です。したがって、メインメッセージは「当社も大手家電量販店との関係構築を早急に行うべきだ」となります。

それでは、この結論を導くに至った経緯をもとに、ピラミッド・ストラクチャーを作成してみましょう。

図表41　ピラミッド・ストラクチャー「大手家電量販店との関係構築」

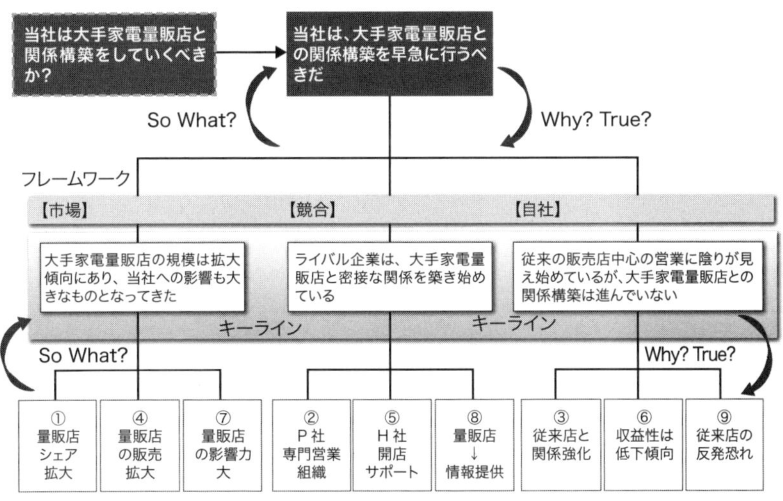

上図のとおり、ピラミッド・ストラクチャーが完成しました。

改めてピラミッド・ストラクチャーの作成プロセスを振り返ると、具体的な調査結果をもとにボトムアップによって論理構築をしていることが見て取れます。はじめに行ったのが、9つの調査結果のグルーピングで、フレームワークをイメージしながら内容を見極めていきました。その結果、導き出されたのが「市場」、「競合」、「自社」の3つの視点です。

次に、この3つの視点にそれぞれ見出しに相当するキーラインをつけました。その際、利用したのが「4. ピラミッド・ストラクチャーを作成する」の「(1) **ピラミッド・ストラクチャーの導出**」で説明した帰納法です。

こうしてピラミッド・ストラクチャーを作成するわけですが、前述したとおりピラミッド・ストラクチャーの端に「So what?」という記載があります。直訳すれば「だから何？」ということですが、ここでは①④⑦の3つの情報を見て、「だから何が言いたいのか？」

と問いかけるのです。そうすることで、「大手家電量販店は、無視できない存在になってきた」ということが見えてきます。さらに「競合」、「自社」についても「So what?」を続けることによって、「当社は大手家電量販店との関係構築を早急に行うべきだ」という結論にたどり着くことができます。

こうして導き出したのが、メインメッセージです。つまり、社長から指示された「当社は大手家電量販店と関係構築をしていくべきか?」という問いかけに対して、担当部長の提言は、「当社は大手家電量販店との関係構築を早急に行うべきだ」という結論になるわけです。

6. 論理 ロジカル・プレゼンテーション

(1) 伝えたいことを明確にする

一般的にプレゼンテーションというと、「クライアントに対して、自社の商品やサービスをアピールする場」というイメージが強いのではないでしょうか。もちろん、そのような大掛かりなプレゼンテーションも少なくありません。しかし、例えば職場での1分間スピーチ、上司への報告、参加してきたセミナーの概要説明など、だれもが普段のビジネスシーンにおいて多くのプレゼンテーションを行っているのです。

そこで、問題です。どれにも共通することとは、いったい何でしょうか。

答えは、「伝えたいことを明確にする」ことです。時間に余裕があるからといって、だらだらと羅列するように説明しても、聴き手には何も伝わりません。たとえ1分間しかなくても、伝えたいことが明確でかつその根拠がきちんと示されたスピーチであれば、多くの人が耳を傾けてくれます。

そうしたスキルを身につけるためには、伝えたいことを一言で表現するトレーニングをする必要があります。というのも、人は「伝えたいことを一言で表現する」と頭で理解できても、スキルがなければ簡単にはできないからです。繰り返しトレーニングをすることによって、初めて一言で表現するスキルを習得できるのです。

突然ですが、「エレベータートーク」という言葉を聞いたことがあるでしょうか。同じエレベーターに乗り合わせたときに話せる程度の、ごく短い時間に自分の言いたいことを相手にわかりやすく簡潔に伝える会話術のことです。どうすれば、エレベータートークのスキルを習得することができるのでしょうか。

まずは、常に頭の中を整理しておく必要があります。そのうえで、論理を構造化し、伝えるべき内容を簡潔にまとめることが要求されます。つまり、常に頭の中でピラミッド・ストラクチャーを構築できるようにしておくことが重要なポイントになります。

例えば、あなたがクライアントの社長に対して、1時間のプレゼンテーションを行うことになったとします。ところが、当日、先方に行き、プレゼンテーション会場の10階に向かうためエレベーターに乗ろうとしたところ、偶然、社長と居合わせ「急に外出しなければいけなくなった」と告げられました。

社長室は12階です。その間に、あなたは社長に対してプレゼンテーションを行わなければならなくなりました。もちろん、「1時間用のプレゼンテーションを準備してきたので、数十秒では無理です」といった対応をするわけにはいきません。さて、どうすれば数十秒で、プレゼンテーションを終わらせることができるでしょうか。

こうした場面で最も重要なのは、結論であるメインメッセージを最初に伝えること。そしてもう1つは、結論を導く根拠になったフレームワークやキーラインを簡潔に伝えることです。もうおわかりいただけたと思いますが、ここでもピラミッド・ストラクチャーが重要なツールとなっています。

しかも、この手法は前述した短時間のプレゼンテーションだけでなく、十分に時間があるプレゼンテーションにおいても有効です。短時間のプレゼンテーションと同じように、まずはメインメッセージの結論を伝え、徐々にトップダウン方式で論理展開していけばよいのです。

その際、心がけなければいけないのは「相手の決断を促す結論を提示する」とともに、「その結論に至る根拠を構造的に論理展開する」ことです。それが相手との信頼関係を構築し、我々の望む行動を取ってもらう近道なのです。

(2) トップダウンで活用するピラミッド・ストラクチャー

もう一度「**4.ピラミッド・ストラクチャーを作成する**」と「**家電量販店のピラミッド・ストラクチャー**」を思い出してください。

そこには「Why? True?」という問いかけが記されていました。具体的に言うと、「関係構築をすべきだ」という主張に対して、「なぜそう言えるのか? それは本当か?」という問いかけです。この事例では、一段下にあるキーラインを説明することで、答えることができました。さらにキーライン一つひとつに対して、「Why? True?」と自問自答することによって、論理展開の精度を高めていったわけです。

このようにピラミッド・ストラクチャーを作成したら、常に「So what?」、「Why? True?」と問いかける論理チェックを行うことが大切です。繰り返しますが、「論理構築はボトムアップで行い、プレゼンテーションはトップダウンで行う」ことが基本です。まずは、それを頭に叩き込んでおいてください。

具体的に説明しましょう。プレゼンテーションでは、まず結論であるメインメッセージから伝えていきます。すると聞き手が、「Why? True?」と問いかけてきます。「なぜそう言えるのか？それは本当なのか？」という問いかけです。それに対して、あなたはメインメッセージを支えるキーラインとフレームワークの説明をします。すると聞き手は、そのキーラインのそれぞれに対して、再び「Why? True?」と問いかけてきます。このキーラインを支えているのが、9つの調査結果というわけです。

このようにビジネスの世界では、結論から伝えていくのが常識です。ピラミッド・ストラクチャーを活用してのプレゼンテーションは、まさにその実践パターンなのです。

(3) ロジカル・ライティング

ビジネス文書を作成する際、ピラミッド・ストラクチャーが完成していれば、難なく文書を完成させることいができます。具体的には、まず冒頭にタイトルを、そして全体の結論を書きます。これが、論点とメインメッセージになります。

次に、メインメッセージを導き出した根拠を記載していきます。**図表42**で言うと、「見出し」に当たります。これが、フレームワークやキーラインになります。

そして、最後に冒頭で述べた結論を簡潔にまとめて記載します。

いかがでしょうか。まさにビジネス文書は、ピラミッド・ストラクチャーをもとに書かれていると言っても過言ではないのです。

図表42　ライティングにおける論理の構造化

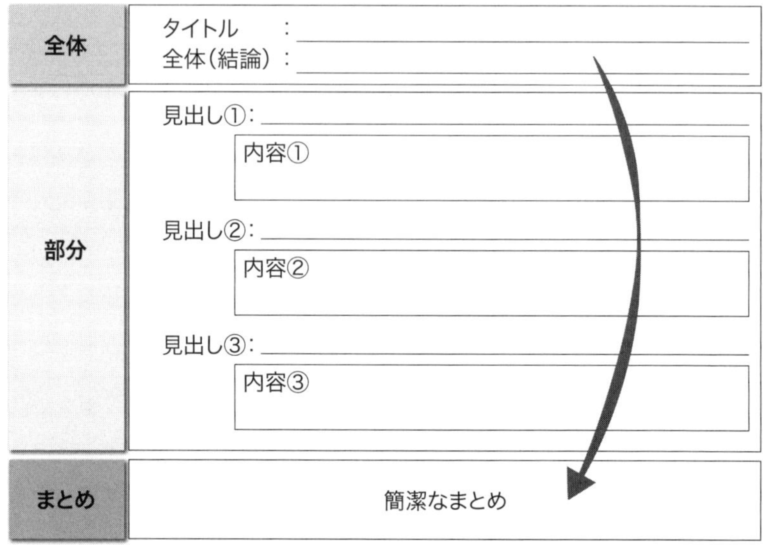

7. 心理　エモーショナル・プレゼンテーション

(1)　左脳と右脳に響くプレゼンテーション

前述したとおりピラミッド・ストラクチャーによるロジカル・プレゼンテーションは、強い伝達力と説得力を持ちます。しかし、それに頼り切っていては、ビジネスでの成功は期待できません。もう1つ、心理的な要素を加味したロジカル・プレゼンテーション、わかりやすく言えば「エモーショナル・プレゼンテーション」を行う必要があります。

一般的に、言語中枢のある左脳は言語脳と言われ、読み書きや計算など論理的な思考能力に優れています。ロジカル・シンキングも、この左脳の領域に割り当てられます。

一方、右脳は感覚脳と言われ、絵画や音楽など直観力や想像力に秀でています。空間認識や方向感覚、相手の表情を読み取ったりする機能も、この右脳の領域に割り当てられます。

つまり、論理面、感情面の両方に訴えかけることによって、ビジネスにおける成功率は格段にあがるのです。相手に自分の考えや想いを伝えていくためには、まずは自らの脳全体をフル活用させ、相手の左脳と右脳の両面に働きかけるのが効果的です。

(2) 論理の押し売りは逆効果

新人の販売店員によくありがちなのが、張り切り過ぎてしまうことです。例えば、お客様に対して、「さあ、いろいろと説明するぞ！」、「何としてもご購入いただけるよう説得しないと！」と意気込めば意気込むほど、お客様の心は離れていきます。

子どものころ、母親に「早く勉強しなさい」といわれ「いま、やるつもりだったのに」と言いながら、やる気をなくしてしまった。あるいは「もうゲームをするのはやめなさい」と注意され、逆にやめる気がなくなってしまったという経験はありませんか。このように、反発して頑なになることを「心理的リアクタンス」と言います。「人は、自由を制限されると激しく抵抗し、自由を回復しようとする」という理論です。

人は天邪鬼なので、「やれ」と言われるとやりたくなくなり、「やるな」と言われるとやりたくなる生き物です。それは、ビジネスシーンにおいても同じです。往々にして説得しようとした方向とは逆の方向に、相手の態度は変容してしまうのです。

例えば、「購入して！購入して！」と訴えれば訴えるほど、お客様は購入する気をなくしてしまいます。恋の駆け引きではありませんが、説明・説得したい気持ちをぐっと押さえ、お客様を観察し、話を聴くことからはじめるのが肝要です。

「説得力のあるプレゼンテーションを行ったのに、最終的に受け入れてもらえなかった」という経験がある方は、そのプレゼンテーションがどうだったか、いま一度思い出してください。実は、ロジカルではなく、エモーショナルな要素によって受け入れてもらえなかったのかも知れません。

(3) 片面提示と両面提示

皆さんは、商品の紹介の仕方に「片面提示」と「両面提示」という方法があるのをご存知でしょうか。「片面提示」とは、その商品のメリットを中心に説明する方法です。一方、「両面提示」は、メリットだけでなくデメリットも伝えていきます。

前述したとおり、メリットを中心に説明する「片面提示」の場合、相手に「そんなによいことばかりのはずがない」と疑われ、購入に至らない可能性が間々あります。また、購入後、デメリットに気づき、クレームにつながるケースも少なくありません。

一方、購入前にデメリットも含めてすべてを伝える「両面提示」は、一見不利なように見えますが、納得して購入していただいているので、疑われたりクレームにつながるケースは相対的に少なくなります。つまり、相手を説得するツールとしては、「片面提示」より効果的と言えます。

例えば、「この洋服は少々お高くなっておりますが、型崩れや色落ちしにくいという特徴があります。末永く着用できるので、人気を呼んでいます」と伝えるのが「両面提示」です。この場合のデメリットは「高価だ」ということですが、それを「型崩れや色落ちがしにくい」ということの根拠に活用している点が秀逸な点です。つまり、デメリットの見方を変えることによって、メリットに変えているわけです。

詳細は後述しますが、高価であることは、必ずしも悪いことではありません。高価だからこそ、購入した人は優越感を味わうことができるのです。行動経済学では、これをヴェブレン効果と言い、経済学などでも使われる用語です。

(4) 選択肢の数はほどほどに

お客様におすすめの商品を紹介する場合、その候補の数はどのくらいにするのがよいのでしょうか。少な過ぎると選ぶ楽しみがなくなってしまいます。逆に多過ぎると迷って選べなくなってしまいます。

スタンフォード大学のシーナ・アイエンガーとコロンビア大学のマーク・レッパーの研究によると、人間はあまりに選択肢が多いと逆に「選択」することができなくなってしまうことがわかっています。彼女たちは、次のような実験を行いました。

スーパーに6種類のジャムと24種類のジャムを用意した試食コーナーを設け、販売することにしました。それぞれ何人の客が立ち止まり、試食し、購入するかを実験によって確かめようというわけです。

結果は、以下のようになりました。

●スーパーでの調査結果

	6種類	24種類
立ち止まった顧客の割合	40.0%	59.9%
試食後、購入した顧客の割合	29.8%	2.8%

この結果を見ると、立ち止まった顧客の割合は24種類のジャムの方が多いのですが、購入した割合は6種類のジャムの方が多く

なっています。つまり、顧客の興味・関心度は種類の多い方が高くなりますが、それが購入に結びつかないことがわかります。

なぜ、そのような結果になるのでしょうか。それは、「選択肢の数が多過ぎると、1つの商品を選ぶのに労力がかかってしまうから」だと考えられています。また、選択肢の数が多いと、他を選ばなかったことに対して後悔の念がわきやすい。つまり、後悔の念によってさんざん悩んだ末に選択した商品の満足度が下がってしまうという理由も考えられます。

⑸　気になるところで中断したときのツァイガルニック効果

われわれ人間は、達成できなかった事柄や中断している事柄のほうを、達成できた事柄よりもよく覚えていることがよくあります。その現象を実験的に証明したのが、旧ソビエト連邦（現ロシア）の心理学者ブルーマ・ツァイガルニックです。簡単に説明すると、中途半端なところで中断された時のほうが、区切りのよいところで中断した時よりも、中断前のことを思い出しやすいという効果のことです。

例えば、テレビのクイズ番組を見ていて、いよいよ回答が発表されると思っていると、突然CMに変わることがよくあります。もちろんCM中にチャンネルを変えさせないための戦略です。連続ドラマでも、その先の展開が気になるところで終わらせるのは、同様の効果を狙っているからです。

ということは、試験勉強中に食事をする時も、切りのよいところまで進めるのではなく、中途半端なところで勉強をやめて食事をした方がよいのでしょうか。まさかと思われるかもしれませんが、実は、その方が効果的なのです。あえて切りの悪い緊張状態にすることによって、早く切りのよいところまで済ませたいと思わせる。つまり、中途半端な状態が気になり、食後すぐに勉強に戻りたいと思わせるわけです。また、勉強に再び取り掛かかる際、中途半端な状態の方が取り掛かりやすいという利点もあります。

もちろんビジネスシーンにおいても、このツァイガルニック効果は活用できます。あえて中途半端なところで区切りをつけることによって、顧客の興味・関心を高めていくのです。

⑹ 交渉を意識したプレゼンテーション

1）フット・イン・ザ・ドア・テクニック

人は、いったん小さな依頼を受け入れると、次に大きな依頼がきても断りにくくなるという心理が働きます。この心理を利用したテクニックを、「フット・イン・ザ・ドア」と言います。例えば、相手にお願いしたいことがあるとします。その際、まずは小さなお願いをし、その承諾を得てから、大きなお願いをすると断られにくくなるというテクニックです。本当の狙いは､小さいお願いではなく、大きなお願いというわけです。

例えば、街頭で「困っている人のために署名をお願いします！」と声をかけられたとき、「署名くらいであれば協力しよう」と、気軽に署名をしたことはありませんか。もちろん署名で終わるなら、なんら問題はありません。しかし、その後で「困っている人のために、募金もお願いします！」と言われたらどうでしょうか。おそらく多くの方が、最初から募金の依頼をされたときに比べて、圧倒的に断りにくいと感じると思います。それは、一度、困っている人のために協力するという行動を示してしまった以上、自分の行動の一貫性を保つためにも募金しなければいけないと思ってしまうからです。この心理を「一貫性の原理」と呼びます。

もちろん「署名はするが、募金はしない」と毅然とした態度で言えば済みますが、そうなると単なるケチな人と思われてしまうかもしれません。それも癪に障るので、釈然としないまま募金をしてしまう。これがフット・イン・ザ・ドア・テクニックです。

このテクニックを活用する場合、注意しなければいけないのは「小さなお願いは多くの方に受け入れられる程度でなければいけない」という点です。もちろん肝心な大きなお願いも、例えば「車を買ってほしい」といった過大なお願いでは、効果は期待できません。あくまでもお願いする事柄について、大小のバランスを上手にとることが重要です。

2）ドア・イン・ザ・フェイス・テクニック

前述したフット・イン・ザ・ドア・テクニックとは対照的に、まず大きな依頼をするのがドア・イン・ザ・フェイス・テクニックです。大きな依頼なので多くの人から断られますが、断られた後に譲歩して、それよりも小さな依頼をするというテクニックです。もちろん、この小さな依頼が本来の目的です。つまり、最初から小さな依頼をするのではなく、まずは大きな依頼をすることによって、相手に「それなら受けてもいい」と思わせる人間の心理を活用したプレゼンテーション手法です。相手からすれば、一度依頼を断っているという罪悪感から、そして譲歩してもらったという感謝の気持ちが、次の小さな依頼を断りづらくさせるのです。

例えば、「困っている人のために、1万円の寄付をしてくれませんか?」と頼まれたとしましょう。さすがに1万円は大金なので断る方がほとんどでしょう。そこで、すぐさま「千円でもよいので、お願いできませんか?」と罪悪感が消える前に頼むのです。そうすると、ほとんどの人が頭のどこかに「困っている人の力になれなかった」という思いが残っているので、減額された千円の依頼を受け入れやすくなるのです。人は他人から何らかの施しや、譲歩を受けたとき、お返しをしなければといった感情を抱きます。この心理を「返報性の原理」と言います。デパ地下などで試食をさせてもらったとき、ついつい購入してしまうのも「返報性の原理」が働くからです。

このドア・イン・ザ・フェイス・テクニックを活用する際の注意点は、最初の大きなお願いを大きくし過ぎず、次の小さな依頼とのバランスを取ることです。それと「罪悪感」と「譲歩による感謝」の気持ちを高めることも重要なポイントになります。

3）ロー・ボール・テクニック

最初に好条件を出し、相手の承諾を得てから、好条件を少なくしたり、不利な条件を提示したりする手法をロー・ボール・テクニックと言います。一度承諾しているので、断りづらくなるというところが、このロー・ボール・テクニックのポイントです。この心理も、1）の「一貫性の原理」を利用しています。

例えば、家電量販店の店員さんから「このタブレット、特にお安くなっています。いかがですか？」と勧められ、購入することを決めたとします。その直後に「実は、もちろん未使用ですが、裏面に少し傷がついているのですが……」と言われたらどうでしょうか。

「裏面だし、他の店より安いし、まあいいか……」と多くの人が考え、結果的に受け入れてしまいます。このように承諾を得てから不利な条件を提示するのが、ロー・ボール・テクニックの基本です。

ロー・ボール・テクニックを活用するうえで、注意しなければいけないのは、本当のことを最初に提示しないので、言われた方は「だまされた」と感じてしまうことがあるという点です。俗に言う「おとり広告」の手法でもあるので、注意が必要です。あくまでも「伝え忘れた」という印象を持ってもらうことが、このテクニックを活用するポイントです。

4）ザッツ・ノット・オール・テクニック

前述した3つのテクニックは、大なり小なり相手に不快感を与えてしまいます。それに比べ、「ザッツ・ノット・オール・テクニック」は、相手にお得感を与える点に違いがあります。

例えば、「お勧めの商品は、大画面テレビで、68,000円になります」と、まず具体的な商品と価格を伝えます。その後、テレビスタンドのサービスや割引をすることなどを伝え、購入を促す方法です。

顧客からすれば、いわゆる「おまけ」や「割引」をしてもらえるので、満足感を得やすくなります。ザッツ・ノット・オールとは、「それで全部ではない」という意味で、テレビの通信販売でよく使われる手法です。

5）説得のテクニックの対抗策

参考までに、こうした説得のテクニックを使われた場合の対応策をお伝えしておきます。もちろん、「**4）ザッツ・ノット・オール・テクニック**」の場合は、おまけや割引のサービスを受けられればよいので、価格が変わらなければ対策の必要はありません。問題は、**1）～3）**です。

まず、**1）～3）**で共通しているのは、最初の条件と異なる新たな条件を、承諾後に提示される点です。そのときは、いったん頭をリセットし、まったく別物として考え直す必要があります。可能であれば、あとから示された依頼に対する返事をすぐにせず、時間を空けることです。そうすれば、一貫性や罪悪感などが和らぎ、頭をリセットする時間を確保することができます。

いかがでしょうか。いずれにしても「論点を明確にし、前提を疑うこと」が大前提です。そうすることによって、相手の論法を見破ることができるのです。ロジカル・シンキングのスキルは、こうしたテクニックの本質を見抜くことにもきわめて有効です。

(7) 「欲しい！」と思わせるプレゼンテーション

1）高価だからこそ欲しくなる～ヴェブレン効果～

一昔前に比べると、ディスカウントストアの数がかなり増えた感じがします。それだけ顧客が価格に敏感になったのかもしれませんが、時おり「なぜ、こんなに安く販売することができるのだろうか」と疑問に思うこともあるでしょう。

これを、商売をする側から考えるとどうなるでしょうか。当然ですが、値下げは利益減少に直結するので、できることならしたくはありません。逆に、値上げをしたいくらいです。しかし、値上げをすればたちまち売れ行きが落ちてしまうので商売として成り立ちません。

こんなジレンマを克服する商売、つまり値上げをしても売れ行きが落ちず、むしろたくさん販売できる商売の方法があるのでしょうか。実は、あるのです。

ただし、取り扱う商品は高級な外国車やブランド物の高級バッグ・腕時計などに限定されます。これらの商品はしっかりとしたモノづくりがなされているので、顧客も「価格が高い方が品質は確かだろう」と思い買ってしまうのです。また、誰にでもおおよその価格がわかるので、周りの人たちに見せびらかすという効果もあります。

このように、いわゆる高級ブランド品は、価格が高ければ高いほど顧客の満足度を高めます。例えば、高級腕時計をイメージしてください。中でも1,000万円以上のものとなると、ダイヤモンドなどの宝飾がちりばめられているなど、時計の機能とは全く関係のないところで高価になっています。5,000万円の腕時計と比べて何が違うかというと、おそらく使用されている貴金属の価格差が4,000万円の差になっていると思われます。

こうした現象を「ヴェブレン効果」と言います。ソースティン・ヴェブレンは、アメリカの経済学者であり社会学者でもあった人です。彼は自身の著書『有閑階級の理論』の中で、「有閑階級、つまりお金持ちの人たちの消費の仕方は、他人に見せびらかすための消費、見栄のための消費をしている」と明言し、その現象を顕示的消費と表現しました。こうした「価格が高いものの方がよく売れ、満足度も高まる」という顕示的消費の現象を、著者の名前をとって「ヴェブレン効果」と呼ぶようになったわけです。

「ヴェブレン効果」は、価格が高いからこそ生まれる魅力とも言えます。銀座などの一等地に店を構えるブランドショップをイメージしてください。店舗は高級感にあふれ、顧客は質の高いサービスを受けることができます。ブランドショップは、こうしたバランスを保つことによって、顕示的消費を促進させ、満足度（経済学では「効用」と言います）を高めているのです。駅の売店でブランド品を売っても、顧客は同様の満足度を得ることはできません。上記のバランスを保つことが、高級品を扱う商売の戦略なのです。

ワインや高級果物なども同様に、多くの人が「高価なものの方が美味しい」という思いで買っています。ワインや高級果物は、購入するまで味わうことができません。そこで、価格を見ることによって「これだけ高価であれば、よいものにちがいない」と判断して買っているわけです。その商品やサービスを購入しないと、良し悪しを判断することが困難なモノを経験財と言います。こうした経験財の品質の担保として、私たちは価格に頼っているのです。

実際に私たちは、初めて商品を購入したり、食事をしたり、サービスの提供を受けたりするとき、価格を重要な目安にして判断します。知識があればまだしも、知識すらなければ、価格を目安に判断するしかないからです。もちろん、いまはインターネットの口コミやフェイスブックなどのSNSによって簡単に情報を得ることができます。しかし、最近は情報過多となり、逆に今度はその真偽を見極めることが難しくなってきています。そういう意味でも、「価格は品質を判断する指針になりやすい」と言えます。

2）流行しているものが欲しくなる～バンドワゴン効果～

ファッション雑誌などで、「今年の春夏流行色はシャーベットカラーです」という特集が組まれると、シャーベットカラーになじみがなくても、同色を使った洋服やバッグなどが飛ぶように売れます。また、「当店の売上ナンバー１！」といったポップを見ると、その商品をつい購入してしまう傾向があります。「ベストセラー作品」と聞くと、思わずその本を読んでみたくなるのも同じ現象です。

このように流行りのモノ、売れているモノに、人は魅力を感じてしまう傾向があります。換言すれば、「多くの人が買っている商品はよいモノに違いない」と思ってしまうわけです。こうした現象を「バンドワゴン効果」と言います。この名称はアメリカの経済学者のハーヴェイ・ライベンシュタインが創作した造語です。バンドワゴンとはパレードの先頭を走る楽隊車のことで、「人はバンドワゴンのように、その時の流行りや人気に乗り遅れないようにしようとする」。つまり、「消費量の多さが自分に影響を与え、それを手にすることで、自分の満足度が高まる」という現象を意味します。

これは、群集心理でいうところの「同調行動」で、周囲の人たちと同じ行動をとろうとする現象と同意です。例えば、行列ができているラーメン屋の前を通ると食べたくなったり、就職活動の時、多くの人が着ている黒や紺色のリクルートスーツを選んだり、会議などで周りの意見に合わせたりするのも「同調行動」の一つです。

3）限定商品が欲しくなる〜スノッブ効果〜

いくら流行りの色の洋服だからといって、街中で自分と全く同じ服を着ている人に出会うと、とたんに袖を通したくなくなってしまうのが人の心理です。ベストセラーの本も、読み終わり買い取ってもらおうとすると、多くの人が読んでいるため、買い取り価格が安くなってしまいます。このように大量に流通することで、その物自体の価値が下がってしまうという現象が起こるのです。

バンドワゴン効果とは逆に、数少ないことに価値を見出す現象を「スノッブ効果」と言います。例えば、アンティークやビンテージものなど、ほかの人が持っていないものを所有すると満足度が高まります。この現象を「スノッブ効果」と言いますが、この名称も、ハーヴェイ・ライベンシュタインが創作した造語です。

キーワードは「限定」です。期間限定、数量限定、店舗（場所）限定というように、希少性を前面に出されると、私たちの財布の紐はつい緩んでしまうのです。

ここまで、ヴェブレン効果、バンドワゴン効果、スノッブ効果と、3つの異なる現象を見てきましたが、実は共通する点があります。それは、「対象となる商品・サービス以外に価値を見出している」ということです。具体的には、「高価なものを所有している」、「最新の流行を追っている」、「誰も持っていないものを所有している」という満足感です。

これを「消費の外部性」と言います。例えば、「このワインは、生産される本数が少なく、すべてにシリアルナンバーが入っています。最近、富裕層の間で人気が急上昇している影響もあり、価格は少々お高くなっています」と、3つの効果を融合して使うケースも少なくないのです。

(8) ロジカル&エモーショナル

成果を出せるビジネスパーソンになるためには、ロジカル・シンキングのスキルだけでは不十分です。ロジカル・シンキングの強みを生かすためには、心理的な要素を融合させることが必要不可欠です。

いまやビジネスにおいて、インターネットを当たり前のように使う時代になりましたが、取引の相手は人という点に変わりはありません。あくまでも「心」を持った人が相手です。だからこそ、人を知ることがビジネスにとっては不可欠なのです。

しかし、前述したとおり人の認知は錯覚と隣り合わせですし、記憶も曖昧です。それだけではありません。思考に偏りが生じやすいし、集中すると見えているものも見えなくなってしまいます。こうした特長は、脳が物事をシンプルに受け止め、効率的に機能させようとする副作用として起こります。実は、これこそが人間の特徴、つまり個性でもあるのです。

もしあなたがビジネスパーソンなら、まずは「あなた自身の思考にも偏りがある」ということを認識してください。これを、心理学では「メタ認知」と呼びます。ソクラテスが言うところの「無知の知」です。もちろん、ただ知っているだけでは解決の糸口にはつながりません。ビジネスシーンにおいては、あくまでも偏りのない一貫性のある思考力が求められるのです。

そのスキルを磨くツールとなるのが、ロジカル・シンキングです。単にアイデアをひけらかしても、ビジネスにおいて成果は期待できません。企画力やプレゼンテーションスキルがなければ、アイデアを実現するところまで導くことはできないのです。

皆さんも経験があると思いますが、実際のビジネスシーンでは、常に問題が起こります。だからこそ問題の本質を把握して解決するスキルとともに、論理的に主張するためのスキルを身につけることが重要なのです。

Logical

第3章

「問題を発見し解決する」

Thinking

Ⅱ. 事象の構造化

1. 論理 問題を発見する～何が問題なのか（What?）～

(1) 問題とは何か？

ビジネスの世界にいると、数々の問題に直面します。「いくら営業をしても、お客様が商品を購入してくれない」、「チームのメンバーがバラバラで力を発揮できない」、「売り上げが減少してきている」など、どこの会社でも問題は山積しています。もちろん単に忌避しているだけでは、いつまで経っても成果を上げることはできません。どうすれば、こうした問題を克服する対策を見出すことができるのでしょうか。

すでに第1章、第2章で学んできましたので、今更といった感もありますが、「問題を発見し、それを論理的に解決していく」というプロセスが重要なポイントになります。つまり、ロジカル・シンキングのツールを有効活用して「問題を発見し、それを論理的に解決していく」ことが王道と言っても過言ではありません。ロジカル・シンキングの考え方は、ビジネスのみならずプライベートでも役に立つので、ぜひ身につけてください。

さて、そもそも「問題」とは何なのでしょうか。「問題」という言葉は、人によって使い方が異なる、きわめてあいまいな表現です。論理的に考えていくために、まずは定義づけをしておきましょう。

図表43 問題とは？

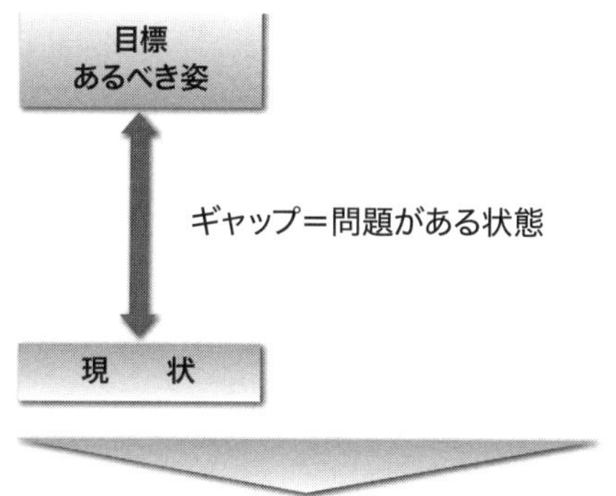

図表43のように、まずは目標と現状を確認します。目標とは、この先の望ましい状態であり、「あるべき姿」です。しかしながら、実際の姿である現状をみると、目標のようにはなっていません。そこには、大なり小なりギャップがあります。この「ギャップ」こそが、「問題」なのです。つまり、問題を発見するというのは、このギャップを見つけることであり、問題を解決するというのは、このギャッ

プを埋める作業になります。

このように定義すると、「目標のないところに問題は無い」ことになります。例えば、子どもがテストで80点を取ったとします。「もっと頑張りなさい」と厳しく対応するべきなのでしょうか、それとも「よく頑張ったじゃないか」と褒めてあげるべきなのでしょうか。その答えは、立てた目標によって異なるわけです。

もし目標が100点であれば、前者のコメントのように厳しく対応することになります。ただし、現状と比較して、あまりにもあるべき姿が高い位置にある場合は、目標自体を見直す必要が出てきます。

一方、平均点を超えるのが目標で、その平均点が70点だった場合は、後者のコメントのように褒めてあげる必要があります。ただし、あまりにも簡単に目標をクリアしてしまった場合は、目標設定が甘すぎたことになるので、改めて目標のレベルを引き上げる必要があります。

⑵ 目標設定の重要性

目標を達成した場合は、さらに高い目標を掲げる必要があります。例えば、前述のテストの点数であれば、平均点の「70点目標」から「90点を目指す」といったように、「あるべき姿」をレベルアップさせます。このようにレベルアップをすると、必ずと言ってよいほど新たな問題が顕在化しますが、これらを繰り返すことによって、人は成長していくのです。

図表44　問題が解決されると新たな問題が

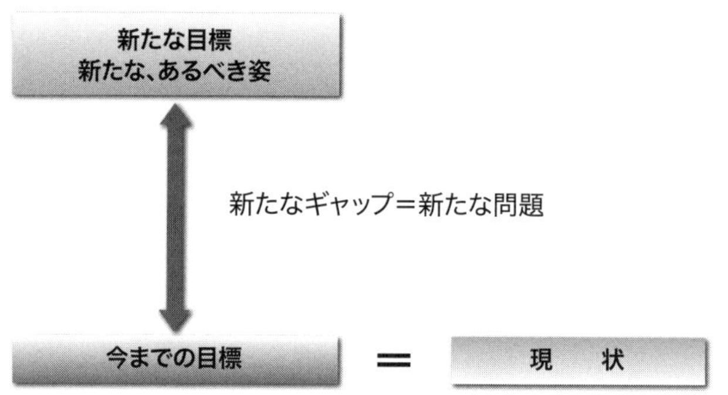

「マネジメントの発明者」、「20世紀の知の巨人」と言われたピーター・F・ドラッカーを、ご存知でしょうか。マネジメントについて、多くの書籍が発刊されています。その彼が提唱した企業のマネジメント手法に「目標管理制度」があります。これは、「組織貢献と自己成長の両方を同時に達成できる個人目標を設定し、その達成度によって評価を行う」という仕組みの人事制度です。

この制度の基本は、問題を発見し、それを解決していくプロセスを明確にすることです。その際、特に気をつけなければいけないのが目標設定です。例えば、とうてい到達できそうにない目標を設定した場合、現状とのギャップが大き過ぎて、問題だらけの状況になり、何から手をつけたらよいのか混乱してしまいます。「どうせ達成できない」と投げやりになるなど、士気もあがらないでしょう。また「よい点数をとる」という曖昧な目標では、問題を特定することができませんし、「大人が、もう一度子どもの頃に戻ってやり直す」というような、現実的に不可能な目標設定は無意味です。このように「目標設定は意外に難しい」ということを、認識しておくことが大切です。

では、どのように目標を設定すればよいのでしょうか。一言で言えば、「簡単には手が届かないが、努力することで実現可能なレベル」にすることです。

会社の人事考課を例に考えて見ましょう。いま、多くの会社が人事考課制度として取り入れているのが、次のような仕組みです。

① 各自が今後一年間の目標を設定する
② 上司とのすり合わせにより修正を加える
③ 一年後にどこまで達成できたかを、上司とともに確認する

一見してわかるとおり、そもそもの目標設定に妥当性・客観性がなければ、公正・公平な人事評価にはなりません。つまり、こうした目標管理制度を実効性のあるものにするためには、「問題を発見し、それを解決していくプロセスを明確にする」ことがきわめて重要なポイントになります。

具体的に言うと、「どのようにして問題を発見するか」が、重要なポイントになります。そのためには、まず目標である「あるべき姿」を検討し、次にそれに対する現状を把握することから始める必要があります。こうした段階を踏むことによって、初めてギャップの存在、つまり「問題」に気づくことができるのです。

⑶ 顕在的問題と潜在的問題

問題には、「目に見える問題」と「目に見えない問題」があります。「目に見える問題」とは、例えば「観葉植物が枯れてしまった」、「テレビが壊れて映らない」、「転んで負傷してしまった」など、問題が顕在化していて、誰が見てもわかる問題のことを言います。

一方、「目に見えない問題」とは、例えば「黒字経営をしているのに、なぜか倒産の危機に陥ってしまった」、「気がついたら、いつの間にか病気になっていた」といったように、問題が顕在化するまで気づかない問題のことを言います。つまり、この「目に見えない問題」には、「問題が潜在化しているため気づきにくい」、「原因が特定しにくい」といった特徴があり、問題が顕在化した後も「そもそも問題があるのか、ないのかわからない」、「なぜ、それが問題なのか理解できない」といった事態すら起こり得るのです。

いずれにしても、現実のビジネスシーンにおいて問題を起こしてしまうと、内容によっては取り返しのつかない事態なることも少なくありません。例えば、レストランが食中毒を発生させてしまったらどうでしょうか。最悪の場合、再開できずに廃業せざるを得なくなってしまう可能性すらあります。そうしたリスクを事前に取り除くためには、常に潜在的な問題が生じているかどうかをチェックすることが重要です。

⑷ 問題の3つのタイプ

⑶では、問題を顕在的問題（目に見える問題）と潜在的問題（目に見えない問題）の2つに分類しましたが、さらにここでは過去（発生型）⇒現在（改善型）⇒未来（想定型）といった時系列による切り口で捉えていきます。

図表45 問題の3つのタイプ

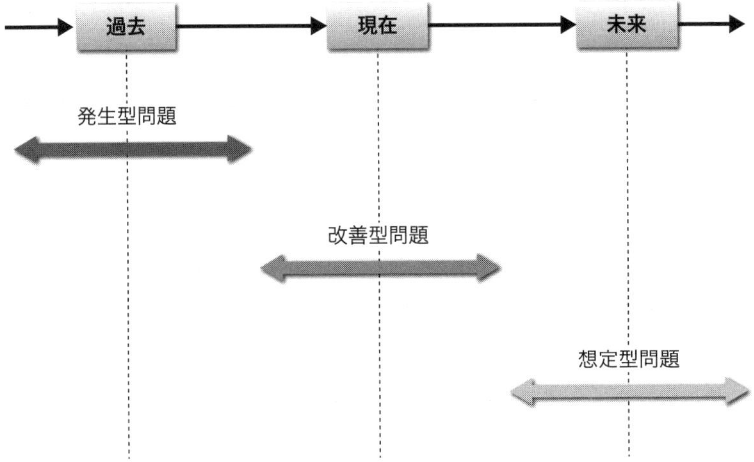

1）過去：発生型（起きてしまった問題）

仕事の現場で起こりがちなのが、この発生型の問題で、実際に起こってしまった問題を言います。例えば、「顧客からクレームが来た」、「売り上げが落ちた」、「交通事故を起こした」といった問題が該当します。言うまでもありませんが、すでに起きてしまった問題なので、今更どうすることもできません。

このように発生型の問題は、すでに目標と現状のギャップが顕在化しているので、「目に見える問題」と言えます。⑶で「目に見える問題」の例として、「観葉植物が枯れてしまった」、「テレビが壊れて映らない」、「転んで負傷してしまった」といった例を挙げましたが、これらも発生型の問題に含まれます。この発生型の問題が生じる要因を一言で言えば、「外部の環境変化に気づかず、現状のままでいたことによって起こってしまった問題」と言えます。

発生型の問題に対処するには、二段階のプロセスを踏む必要があります。1つ目は、「顕在化した問題に対して、どのような応急処置を行うか」です。例えば、けが人が出てしまった場合は、安全を確保するとともに被害者への賠償などを真っ先に行う必要があります。ここで時間がかかったり、被害者への賠償でもめたりすると、問題はさらに深刻化してしまいます。場合によっては批判の声が高まり、問題を拡大させてしまう可能性すらあるので、スムーズに対応することが重要なポイントになります。

2つ目は、「なぜ、その問題が発生してしまったのか」。つまり、問題が発生した原因を究明し、「今後どのような対策をとればよいか」を検討することです。少々時間がかかるプロセスですが、同じ失敗を何度も繰り返す訳にはいかないので、具体的な対策がまとまるまできちんと検討する必要があります。

以上、この2つのプロセスを適時・適切に処理することによって、発生型の問題に対処することになりますが、その際、重要なのは「同時に進める」ことです。同時に取り組むことによって、初めて発生型の問題に対処することができるのです。

2）現在：改善型（表面化していない問題）

改善型の問題とは、まだ表面化していない問題、つまり潜在的問題のことを言います。このタイプの問題は、一般的にポジティブタイプとネガティブタイプの2つに分けられます。

ポジティブタイプは、現状に満足せず「より品質を高めたい」、「もっと生産性の効率を上げたい」と、高い目標を設定することで初めて顕在化する問題です。現状を疑い、自ら問題を探索することで、問題を顕在化させるわけです。このポジティブタイプの場合は、高い目標設定と現状把握がキーポイントになります。

一方、ネガティブタイプは、「このまま放置しておくと、いずれ誰かがケガをしてしまう」、「機械が古く、近いうちに歩留りが悪くなる可能性がある」といった問題のことを言います。つまり、問題が表面化する前に対応することによって、甚大な被害を及ぼすリスクを取り除こうというわけです。

このように、よりプラスの状態を目指すのがポジティブタイプで、マイナスの状態にならないようにするのがネガティブタイプと言えます。企業であれば、主に管理職がこの2つの問題についてきちんと認識し、それぞれ状況に応じて使い分けることが重要になります。

3）未来：想定型（この先起こりうる問題）

想定型の問題は、企業で言えば経営者が直面する問題と言えます。例えば、「今後、中国に進出することを検討する場合、どのような問題が生じるか」、「この先10年以内に外部環境の変化が予想される場合、どのような備えが必要になるか」など、この先起こりうる問題を予想、想定します。

これらも表面化していない問題と言えますが、改善型の問題と比べて、規模が大きく、先を見通すスパンも長くなります。中長期の未来を想定するため不確実性の要素が多く、問題を特定すること自体、きわめて困難と言えます。企業であれば、主に経営者層がこうした問題をきちんと認識したうえで、具体的な対応を検討していくことになるでしょう。

2. 論理 事象を分解し問題を解決する

(1) 問題解決のプロセス

ここからは、問題解決について考えていきましょう。まず、意識していただきたいのは、ここで解説する問題解決の手法は、「このようにすれば、世の中の問題はすべて解決しますよ」というものではありません。問題を解決するためには、どのように考えればよいのか、どのような思考法があるのかを理解していただくのが大きな目的です。

問題を解決するためには、以下のステップを踏んでいく必要があります。

■ステップ1 問題を発見する
～(What?)何が問題なのか～
■ステップ2 問題を特定する
～(Where?)どこに問題があるのか？～
■ステップ3 原因を追究する
～(Why?)なぜ問題が起こるのか？～
■ステップ4 解決手段を検討する
～(How?)どのようにすればよいのか？～

ステップ1の「問題を発見する」は、これまで説明してきたとおりです。あるべき姿をイメージしながら目標を立て、現状を把握することで問題を発見します。そして、それを**ステップ2**の「問題を特定する」、**ステップ3**の「原因を追究する」、**ステップ4**の「解決手段を検討する」へとつなげていくことによって、困難な事象に対する解決策を見出していきます。

具体的な分析手法ですが、ここでは「ロジック・ツリー」というツールを活用します。詳細については追って説明していきますが、「ロジック・ツリー」を使ってさまざまな事象を一定のルールで分解すれば、おのずと問題点や解決手段が浮かび上がってきます。論より証拠。まずは、「事象の分解」について考えていきましょう。

⑵ 問題の特定に欠かせない事象の分解

① 問題の概要

あなたが喫茶店に行き、ホットコーヒーを頼んだとします。そして、出されたコーヒーを飲んだところ、美味しいと言える代物ではありませんでした。どこに問題があったのか。考えられる要因を挙げてみましょう。

例えば、「雰囲気がよくなかったため、美味しく感じなかった」ということであれば、お店の内装など環境の問題と言えます。他にも「自分の体調がよくなかった」ということであれば、自分自身の問題ですし、「サービスがよくなかった」ということであれば、コーヒーを提供する際の対応の問題と言えます。

このように、さまざまな要因が想起されますが、ここではコーヒーのみに的を絞って考えていきましょう。さらにシンプルにするため、クリームや砂糖は入れずブラックで飲んだことに限定します。

② 分解することで原因が見えてくる

問題を特定していく場合、コーヒーであれば、それを構成している要素に分解していくことから始めます。コーヒーという飲み物の構成要素を分解すると、まずはコーヒー豆とお湯に分解することができます。あくまでも単純に分解しただけですが、こうすることによってコーヒーが美味しくなかった原因として、お湯に問題があったのか、豆に問題があったのかを分けて考えることができます。

仮に、豆に問題があるとすれば、豆本来の品質や鮮度、焙煎の仕方、豆の挽き方、コーヒーの淹れ方など、人の介在による影響などが疑われます。他にもコーヒー豆の種類による好みの差も影響したかもしれません。一方、お湯に問題があるとすれば、温度や硬水、軟水といった水の硬度による要素などが考えられます。

いかがでしょうか。単純に分解しただけでも、これだけたくさんの原因が考えられます。このように問題を解決していくうえで、事象を分解し考えていくことは、問題を特定する早道なのです。

図表46 コーヒーを分解していったロジック・ツリー例

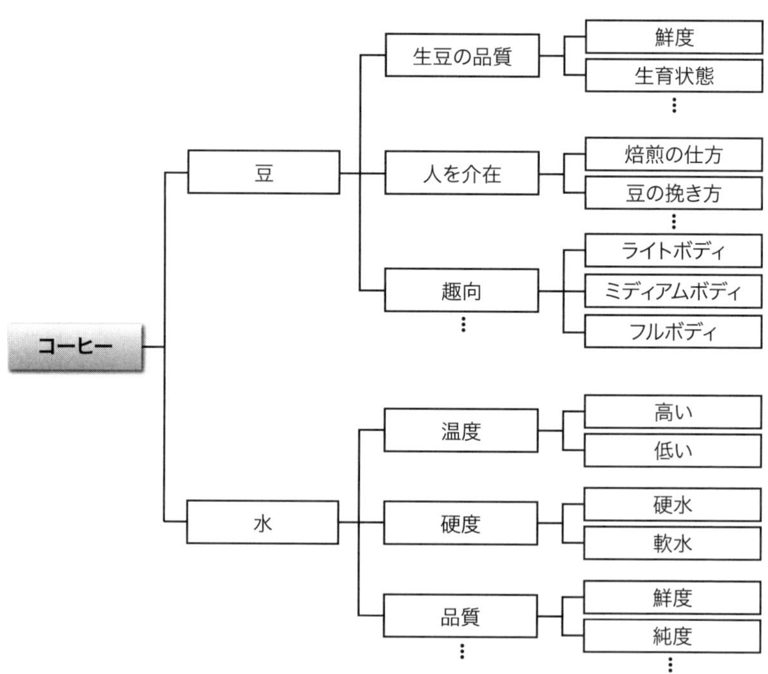

③　新しいトランプゲームを考案する

もう少し、具体的なテーマをもとに要素分解の演習をしましょう。ここでは、トランプをテーマに考えていきましょう。例えば、「トランプを使った新しいゲームを考案してください」と言われたら、どのように考えればよいのでしょうか。ただ漠然と、新たなトランプゲームを考えても、なかなかよいアイデアは出てこないものです。

①で説明したように、まずは各構成要素で分解してみます。そうすると**図表47**のようにトランプを分解することができます。

図表47　トランプの特徴

まず、①ですが、これは「トランプのスート（ハートやダイヤといったマークのこと）」による分解です。そして、②は「数字札か絵札か」、③は「数字に注目して偶数か奇数か」、④は「色に注目して赤か黒か」によって分解しています。もちろん、ジョーカーも忘れるわけにはいきません。

ここで重要なのは、MECE（モレなく、ダブりなく）に気をつけることです。さまざまな切り口で分解することによって、トランプが持つ特徴を漏れなく把握すれば、そこから新たなゲームの可能性が見えてくるのです。

例えば、昔からある「七並べ」は、ハートやダイヤといったスートで区分けし、同じスートの中で、数字を順番どおりに並べるゲームです。つまり、「七並べ」は①と②の組み合わせで、1つのゲームになっています。もちろん、あまりポピュラーではないかもしれませんが、④の赤と黒という特徴を活用したトランプゲームもあります。

このようにモレなく、ダブりなく分解することによって、トランプの特徴を把握すれば、新たなゲームを作ることも困難ではありません。前出のトランプの分類も、複合的に考えれば次のように表すことができます。

図表48 トランプの特徴の組み合わせ

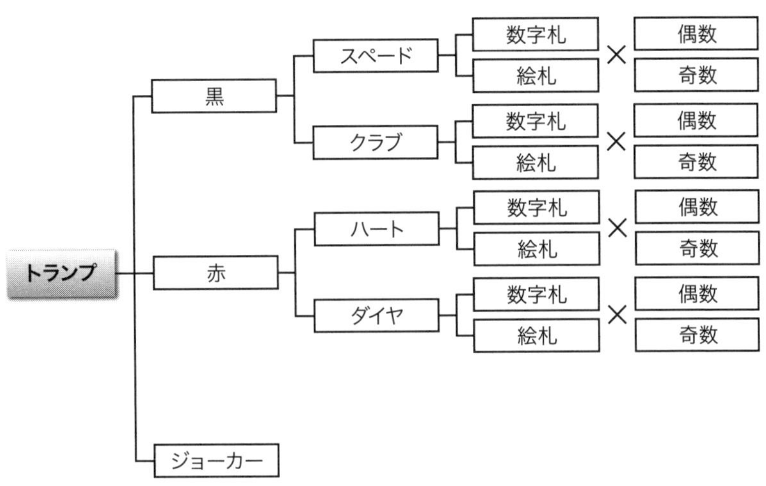

④　生命保険を分解する

日本では、多くの人が生命保険に加入しています。ところが、どのようなタイプの保険に加入しているかを聞くと、十分に把握していない人も少なくありません。

ここでは、生命保険に加入または見直しをする際、どのようなことを検討すべきかを、さまざまな要素を分解することで考えていきましょう。

まずは、「どのようなリスクに対して備えるか」です。人に関することでは、次のようなリスクが考えられます。

図表49　リスク要因

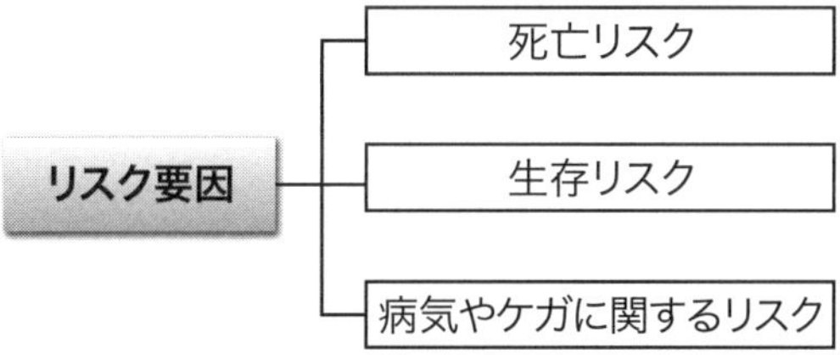

- リスク要因
  - 死亡リスク
  - 生存リスク
  - 病気やケガに関するリスク

1つは、私たちにもしものことがあった場合の「死亡リスク」です。残された家族がその先不自由なく暮らせるよう考えておくことは大切です。そういったことが不要であっても、自分のお葬式代くらいは準備しておいてもよさそうです。

次の視点は、「加入した後の保険料の支払方法」です。

図表50　保険料の支払い

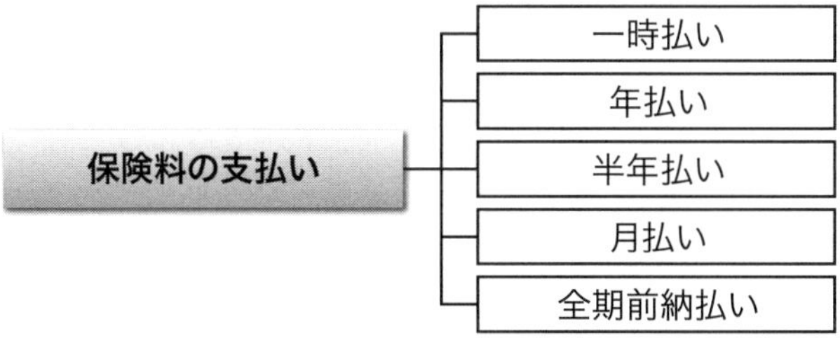

- 保険料の支払い
  - 一時払い
  - 年払い
  - 半年払い
  - 月払い
  - 全期前納払い

一般的には「月払い」で毎月の保険料を支払っている方が多そうですが、半年分をまとめて支払う「半年払い」や、1年分をまとめて支払う「年払い」にすると、保険料が割引になることがあります。「一時払い」とは全保険期間分の保険料を1回で支払う方法のことを言い、「全期前納払い」とは、全保険期間分の保険料を前払いで全額まとめて保険会社に預けるという方法です。

「保険金の受取方法」で考えてみると、一時に受け取る「一時払い」、分割して年金形式で受け取る「年金払い」、両者を組み合わせた「一時払い＋年金払い」を選択できる商品もあります。

図表51 保険料の受取方法

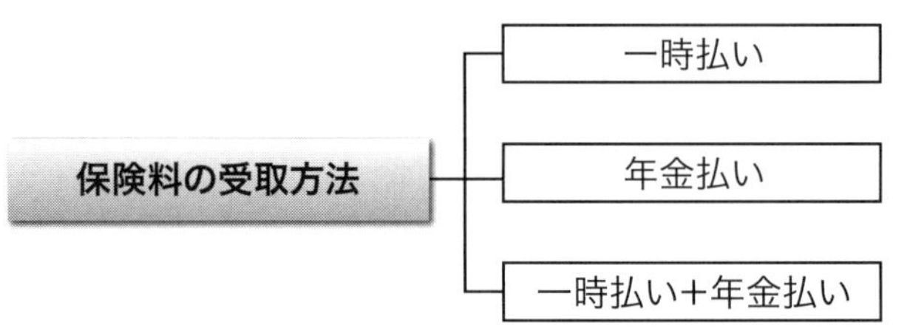

このほかにも、「掛け捨てか、貯蓄性か」、「定額か、変額か」、「生命保険料控除や保険金を受け取った場合の課税」など、さまざまな論点があります。

このように、生命保険の加入や見直しを行う際にも、（**What?**）何が不安で加入するのか、（**Where?**）どこが不満で見直しをするのか、（**Why?**）なぜ加入や見直しをする必要があるのか、そして（**How?**）どのような保障を求めているのか、といった要素を考えることがきわめて重要です。

多くの切り口を知っていれば、多角的に保険商品を把握することができます。もし、あなたがお客様に保険のアドバイスをする立場だったら、いかがでしょうか。

お客様の要望を踏まえ、どの切り口から話をするのが適切なのかを検討するのに、間違いなく役立つはずです。モレなく、ダブりなく分解することで、さまざまな事象の本来の特徴を把握しやすくなり、お客様の要望を踏まえた適切な説明がしやすくなるのです。

⑤ マーケティングの市場細分化

もう1つ、ビジネス的な視点での分解を見ていきましょう。企業が新商品を開発するケースです。通常、ターゲットとなる顧客を選定する時、年齢、性別、地域、職業、行動様式、ライフスタイルなど、さまざまな切り口から顧客対象を分解します。なぜ、こうした細分化をするかというと、ターゲットとなる顧客をできる限り具体化することによって、どのような商品に関心があるのかといったことなどが把握しやすくなるからです。

参考までに、マーケティングの世界では、こうした分解を市場細分化と呼んでいます。全体の市場を1つのものとして考えても、具体的なイメージは湧いてきません。そこで、全体の市場をいくつか異質の集団に分解する。これが市場細分化の考え方です。分解する際の切り口は、地理的変数や人口動態変数、心理的変数などを意識します。最終的には、「関東の都市部に暮らす、20代の会社に勤めている独身の女性」といったように、その人がどのような暮らしぶりをしているかなどをイメージできるくらいにまで細分化することもあります。そうすることによって、その人が直面している不都合なことや望んでいることを検討しやすくするのです。

図表52 マーケティングの市場細分化

市場・顧客を意味のある集団（セグメント）に分解すること

切り口	セグメントの例
1.地理的変数	
地方	関東、関西など
気候	寒暖、季節など
人口密度	都市部、郊外、地方など
2.人口動態変数	
年齢	少年、ヤング、中年、高齢者など
性別	男、女
家族構成	既婚、未婚など
所得	2,000万円以上など
職業	ブルーカラー、ホワイトカラーなど
3.心理的変数	
ライフスタイル	スポーツ好き、アウトドア志向など
パーソナリティ	新しきもの好き、保守的など
4.行動変数	
求めるベネフィット	経済性、機能性、プレステージなど
使用率	ノンユーザー、ライトユーザー、ヘビーユーザーなど

(3) 事象の分解に欠かせない「ロジック・ツリー」

前述したとおりロジック・ツリーは、いまある問題をさまざまな視点から分解することによって、その原因や解決策を見出す便利なツールです。そして、完全なロジック・ツリーを作るためには、「モレなく、ダブリなく」を意識することが重要なポイントになることも、理解していただけたと思います。

図表53は代表的なロジック・ツリーの形(ひな形)です。まずは、この基本形を脳裏に焼きつけてください。

図表53 ロジック・ツリー（事象の構造化）

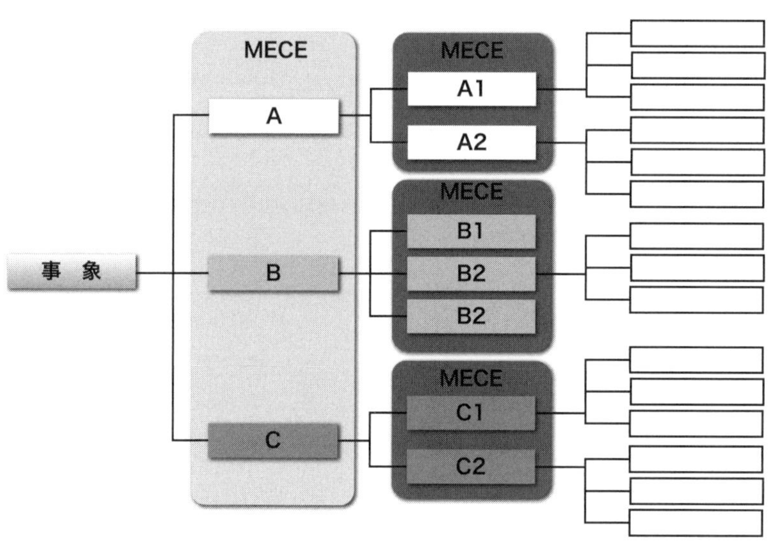

ご覧のとおりロジック・ツリーは、樹形図の形をしています。左側に問題や課題を設定し、右方向に進むにつれ段階的に分解する仕組みです。分解をする時は「モレなく、ダブりなく」のMECEを意識して、事象を整理していくことが重要なポイントになります。例えば、「利益を増加させるには？」という問題提起に対するロジック・ツリーを作成すると、**図表54**のようになります。

図表54 「利益」の分解例

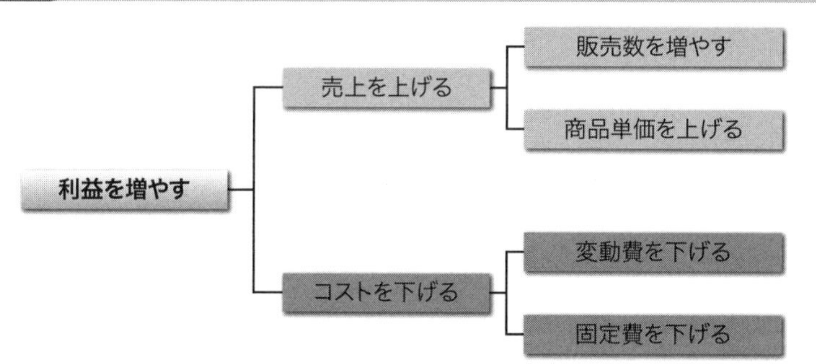

利益は「売上－コスト」で求められるので、1段目の分解は「売上」と「コスト」になります。そして、商品を販売するビジネスの場合の売上は、「販売数×商品単価」で求められるので、「販売数」と「商品単価」に分解します。一方、コストは「固定費」と「変動費」に分解できます。

いかがでしょうか。それぞれがMECEになっていることを、ご理解いただけると思います。

このように分解していくことで、利益を増加させるための方法を視覚化することができるのです。具体的には、視覚化されたテーマごとに、時間や予算などの制約要因を踏まえながら優先順位をつけていきます。そうすることで、利益増加の手立てを打つことが可能になるのです。

3. 論理 問題を解決する～ Where、Why、How ～

問題解決のステップについて、もう一度確認しておきましょう。

■ステップ1　問題を発見する
～（What?）何が問題なのか～

■ステップ2　問題を特定する
～（Where?）どこに問題があるのか？～

■ステップ3　原因を追究する
～（Why?）なぜ問題が起こるのか？～

■ステップ4　解決手段を検討する
～（How）どのようにすればよいのか？～

前述したとおり、**ステップ1**において「何が問題なのか」を検討したうえで、**ステップ2**から、問題を特定し、その原因を究明し解決手段を検討することになります。順次、事例をもとに説明しましょう。

(1) 問題を特定する～（Where?）どこに問題があるのか？～

とあるレストランに、常連のお客様からクレームの手紙が届きました。内容は「お店の魅力が最近なくなってきた」というきわめて抽象なものでしたが、店長はすぐさま対応策を検討することにしました。「魅力がなくなってきた」ということは、以前は抱かなかったなんらかの不満を、ここ最近は感じるようになったということ。そうしたお客様の声を「不満に感じるようになってきた」と捉え直し、その問題を解決すべく、ロジック・ツリーを活用することにしたのです。

店長は、まずはどこに問題があるのか（**Where?**）を分析するために、「不満」の要素を分解してみることにしました。つまり、「不満」という要素全体から分解することで、「部分」にあたる要素を見ていくことにしたのです。

まずは、不満となる要素から考えていきましょう。

レストランでの出来事ですので、まず主役となる「料理」について考える必要があります。それと、料理のサービス提供者である「人」に関する問題、さらには店舗のハードウェアに関する問題もありそうです。

図表55 どこに問題があるのか？（Where?）

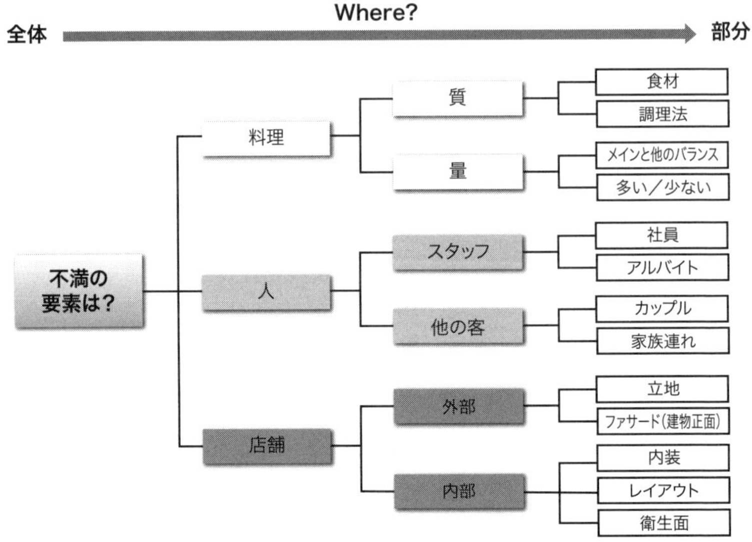

「料理」について、まず思いつくのが味です。料理の「質」と言ってもよいでしょう。味の要素には、使用する食材や、その調理法などが大きく影響します。また、料理の「量」についても気になるところです。多過ぎたり、少な過ぎたりすることも不満につながります。主食、主菜、副菜のバランスも考えられます。

次に「人」に関する問題を検討していきましょう。対象のお客様以外でお店と関わるのは、店舗のスタッフと、他のお客様です。このうちスタッフを正社員とアルバイトに分けることができるのであれば、そのどちらかに問題があるのかもしれません。一方、他のお客様だとすれば、二人連れのカップルが原因だったのかもしれませんし、家族連れのお客様が賑やか過ぎたことが原因かもしれません。

最後に「店舗」についてです。内部では、「時が経って内装などに汚れが目立つようになった」、「衛生面に問題はないか」といったことについて調べるとともに、テーブルなどのレイアウトについても再考する必要がありそうです。一方、外部については、「ファサード（建物の正面）の状況はどうか」、「店舗前の状況や立地」などについて改めて確認すべきかもしれません。

このように考えていくと、他にもまだまだ多くの要素が浮かび上がってきそうですが、MECEとなるように分解するためには、それなりの時間が必要です。しかし、ビジネス上、検討できる時間には限りがあります。MECEに拘り過ぎると、時間だけでなく、費用が掛かる場合もありますので、制約要因とのバランスをとりながら、MECEの精度を高めていくことが重要です。

☞ポイント

どこに問題があるのか（Where?）を分解する場合、「全体⇒部分」に分解する流れになることを忘れずに！

⑵ 原因を追究する～（Why?）なぜ問題が起こるのか？～

前述したとおり、「料理をこぼし、お客様の洋服を汚してしまった」、「床がぬれていて、お客様が転んでしまった」、「料理にゴミが入っていた」といった発生型の問題が起こった場合、その場での応急措置をきちんと行うことが重要なポイントになります。ここで間違った対応をしてしまうと、最悪の場合、廃業せざるを得なくなってしまう可能性すらあるので、最大限注意する必要があります。

ただし、「これで一件落着」としてはいけません。というのも、とりあえず緊急事態は乗り越えられても、問題が起こってしまった原因をきちんと追究しておかないと、再び同じようなトラブルが発生してしまうかもしれないからです。

引き続き前出した「レストランの問題」を考えていきましょう。

さまざまな調査をしたところ、アルバイトの接客が悪いことが原因で気分を害されたことがわかってきました。そこで店長は、「お客様はどういう理由でアルバイトに不満を持ったのか」を突き止めるため、「なぜアルバイトの接客が悪いのか」(**Why?**) という観点から、ロジック・ツリーによる分析を行いました。以下で、詳しく見ていきましょう (**図表56**)。

図表56 なぜ問題が起きるのか? (Why?)

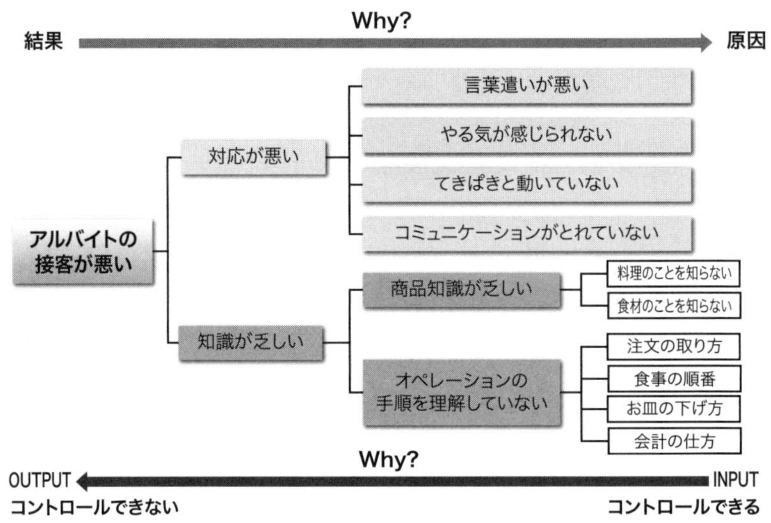

原因は「アルバイトの接客が悪い」ということなので、「なぜ接客が悪いのか」といった視点から分解することで、原因を追究していきます。

まずは、「接客」について分解してみましょう。その結果、お客様への態度も含めた「対応が悪い」と、「知識が乏しい」といった原因が考えられます。このうち「対応が悪い」という中には、言葉遣いや言い方、仕事に対するやる気なども含まれます。例えば、てきぱきと動く姿が心地よい印象を与える一方で、ダラダラしている対応は不快な気分にさせるときがあります。また、スタッフがお客様とうまく会話をすることができていない場合も不満につながりそうです。

一方、「知識が乏しい」というのは、料理に関する食材の知識や、調理法などを知らないといったケースが考えられます。もちろんレストランのタイプによって、身につけるべき知識のレベルは違いますが、最低限の知識はどんなレストランでも必要です。また、新人の場合、注文の取り方などがスムーズにできなかったり、食事を提供する順番や、料理の並べ方などが理解できていなかったりするなど、オペレーションが未熟な場合も不満につながりそうです。

このように結果から原因へと分解していくことによって、より具体的に原因が見えてきます。当然、原因が具体的であればあるほど、改善方法も具体的に提示することができます。例えば、主たる原因が「商品知識が乏しい」ということであれば、研修などの教育を行うことによって、そこから導かれる結果は変化してきます。つまり、原因を特定していくことは対策を打ちやすくし、問題を解決するための第一歩となるのです。

しかも、原因は対策を施すことによって取り除くことができます。つまり、コントロールすることができるので、見方を変えれば、原因はINPUT部分とも言えます。

その一方で、起こってしまった結果は過去のことなので、コントロールすることはできません。その時のINPUTから得られた結果に過ぎないのです。繰り返しになりますが、INPUTである原因を特定し対策を講じることによって、OUTPUTである結果を変化させることは可能です。常に「なぜ?」という疑問符をもち、結果から分解していく。そういう姿勢が、ビジネスの世界において大きな意味を持つのです。

☞**ポイント**

なぜこのような結果となったのか（Why?）を分解する場合、「結果⇒原因」に分解する流れになることを忘れずに！そして、「原因」というINPUTを変化させることで、「結果」というOUTPUTを変えることが可能になる！

⑶ 解決の手段を検討する ～（How?）どのようにすればよいのか？～

ここまでで「(What?) 不満というお客様の声」⇒「(Where?) アルバイトの接客が悪い」⇒「(Why?) 商品のことを知らない」というところまで追い込むことができました。そこで、ここからは「INPUTを変えることで問題を解決する」というテーマのもと、具体的にどのような対策を打てば問題を解決することができるかを、再度ロジック・ツリーを活用して探っていきましょう。

図表57 どのようにすればよいのか？（How?）

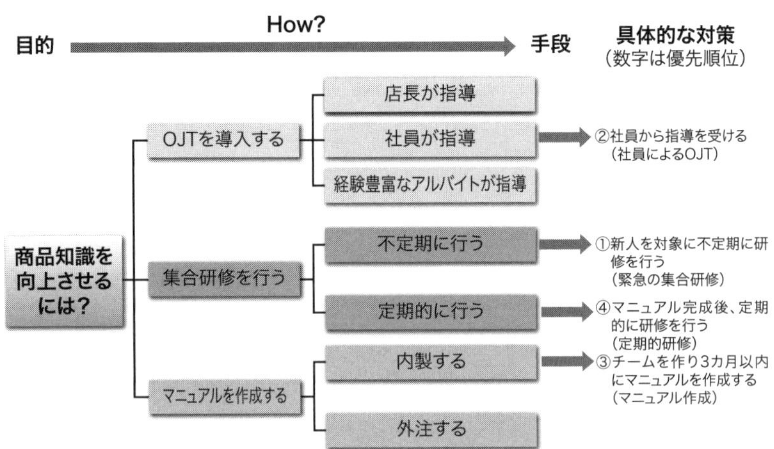

Howのロジック・ツリーでは、最初に目的を確認します。ここでは「自社の商品知識を向上させる」が目的になります。そして、その目的を達成するための手段を、さまざまな視点で分解することによって見出していきます。

ここでは、「OJTを導入する」、「集合研修を行う」、「マニュアルを作成する」などを検討材料にしました。例えば、「OJTを導入する」であれば「誰が行うのか」、「集合研修を行う」であれば「いつどのように行うのか」などを検討することになります。「マニュアルを作成する」となると、時間と労力がかかりますし、外注すれば費用も掛かるので、注意が必要です。

ある程度分解できた段階で、具体的な打ち手を考えます。実際の現場では、かけることのできる時間や予算などに制約があるので、これらを加味しながら緊急度、重要度を勘案して複数の打ち手に優先順位をつけていきます。

ここでは、下記のような優先順位で対策を打つことにしました。

① 新人を対象に不定期に研修を行う（緊急の集合研修）
② 社員から指導を受ける（社員によるOJT）
③ チームを作って3ヵ月以内にマニュアルを作成する（マニュアル作成）
④ マニュアル完成後、定期的に研修を行う（定期的研修）

いかがでしょうか。お客様の「魅力がなくなってきた」という事象を構造的に捉え、「何が問題なのか」⇒「どこに問題があるのか」⇒「なぜ問題が起きたのか」⇒「どのように解決していけばよいのか」という流れで捉え、それぞれを分解していくことによって、初めてこのような対策を導きだすことができるのです。

お客様の声に対して「誠心誠意、頑張る」といった抽象的な対策に終始したり、「きっとメニューが少ないからだ」といった決め打ちをしていたら、どうなっていたでしょうか。おそらくここまでの対策を見出すことはできなかったと思います。

☞**ポイント**

どのように問題を解決していくのか（How?）を分解する場合、「目的→手段」に分解する流れになることを忘れずに！そのうえで、考えられる打ち手に優先順位をつけ、取り組むことによって早期の解決が可能になる！

4. 論理 問題発見と問題解決

問題が発生すると、私たちは対処療法的な解決策を取ってしまいがちです。もちろん問題点を安易に受け止めてしまうということもありますが、心のどこかに「できるだけ速やかに、かつ穏便に済ませたい」という「事なかれ主義」的な思いがあるからではないでしょうか。

具体的には、「確証バイアス」、「ヒューリスティクス」、「錯誤相関」などが、無意識のうちに影響を与えているのかもしれません。こうした場合、私たちは全体像を見失いがちなので、そのような時こそ、MECEの発想に立ち返り、さまざまな事象を考えていく必要があるのです。

ここで、改めて問題発見から問題解決までの流れを見直すことにしましょう。**図表58**は、全体をまとめたものです。

図表58 問題発見から問題解決までのフロー

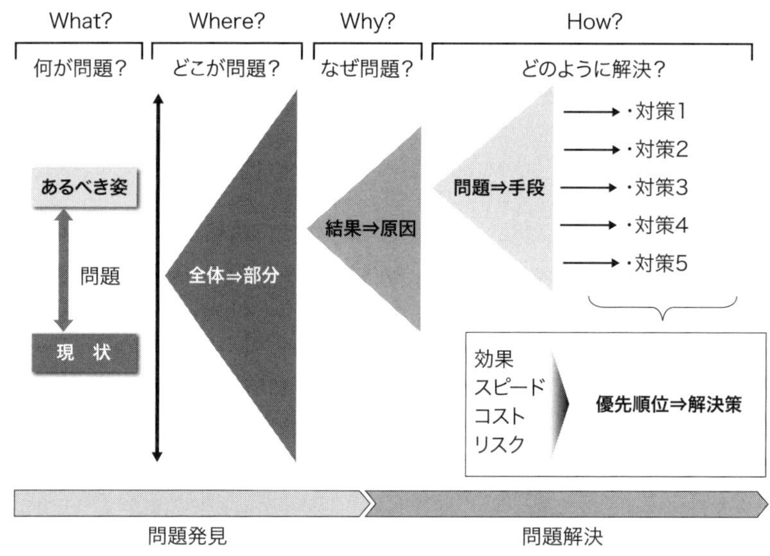

ビジネスでは、さまざまなところで問題が発生します。「問題を解決することがビジネス」と言っても過言ではないくらいです。すでにおわかりいただけていると思いますが、問題発見から問題解決までのプロセスにおいて、最も困難を伴うのが「何が問題なのか？」を特定する作業です。というのも、この部分をあいまいにしたまま解決策を導き出しても、ピントのずれたものにしかならないからです。したがって、現状分析と目標でもある「あるべき姿」をしっかりと検討することを心がけてください。

具体的なプロセスは、以下のとおりです。まず、「どこに問題があるのか？」を「全体⇒部分」へとブレイクダウンさせることによって、問題の部分（場所）を特定します。そして、それができたなら、次は「なぜそうなってしまったのか？」という原因を突き止め、その原因を分析することで解決策を検討することになります。

このとき重要なのは、目的を明確にし、「目的⇒手段」という意識でさまざまな対策を講じることです。浮かび上がってきた対策について、その効果、スピード、コスト、リスクなどの制約要因を考慮しながら優先順位をつけていきます。そこで見えてきたものこそが発見した問題の解決策なのです。

例えば、「売り上げが落ちてきた」といった現象に対して、「売り上げを上げればよい」といった方策では、何の解決にもなりません。問題に対して、一つひとつ検討していかなければ、解決することはできないのです。

問題に直面したときは、全体像を意識しつつ問題発見・問題解決のプロセスを一歩一歩思案し解決へと導いていく。そういうプロセスが重要なのです。これまでの学習で、ノウハウは身についていると思いますので、後は実践あるのみです。実践経験を積めば積むほど、問題解決のスキルは向上しますので、見える世界が確実に変わっていきます。その時を楽しみにスキルの向上に励んでください。

5. 心理・論理 ロジカル・シンキングのビジネスへの活用

問題が発覚し、解決策を導き出すことができても、それを実施していくためにはメンバーの協力が不可欠です。メンバーの合意が得られないままでは、解決できるものも解決できません。だからこそ、その前提となるリーダーシップやマネジメントをしっかりと行う必要があるのです。そのことを、改めて認識してください。

現場では、ロジカル・シンキングを知らないメンバーがいる場面も多々あることでしょう。その場合は、ロジカル・シンキングを知るあなたが先陣を切り、諸肌を脱ぐ必要があるのです。

(1) 人の受け止め方、認知の仕方を意識する

人は、感情を持った生き物です。理屈・理論では「よい」とわかっていても、何か気に入らない部分があったりすると感情がそれを受け入れることを拒み「No」という答えになってしまうものです。すなわち「論理」を前面に出したところで、受け入れてもらえるかどうかは、また別物なのです。

だからといって「論理」は不要だと言っているわけではありません。「明確な論理構築なくして、ビジネスを進めることはできない」ということが前提となるのはもちろんですが、同時にメンバーの同意や合意も必須だということです。

本書でも触れてきたように、人は全体像を把握せずに、自分の考えを全体として思考してしまいがちです。さらに「確証バイアス」、「ヒューリスティクス」、「錯誤相関」などが加担することで、思考は歪んでしまいます。そうした人の特徴をよく理解したうえで、提案することが求められるということです。

ビジネスに会議はつきものです。その会議の時、席の座り方や発言の流れなどに現れる現象を「スティンザーの3原則」と言います。スティンザーはアメリカの心理学者で、小集団の生態を研究した人です。彼が定義づけした3原則は、次のとおりです。

第1原則：会議では、以前論議を戦わせた相手が参加しているときは、その人の正面に座る傾向がある。

第2原則：誰かの発言が終わったとき、次の発言者はその意見の賛成者ではなく反対者である場合が多い。

第3原則：議長のリーダーシップが弱い場合、参加者は正面の人と話したがり、リーダーシップが強い場合は隣の人と話したがる傾向がある。

第1、2原則を簡単に説明すると、「正面に座る人とは敵対しやすく、隣に座る人とは同調しやすい」という現象のことです。その理由は、人は視線を合わせて話すことを強制されると敵対しやすくなり、隣同士だとお互いに視線を自由にできるため敵対しにくくなるからです。

したがって、自分の意見を通したい場合は、できるだけ正面に賛成意見の人に座ってもらい、自分が発言した後すぐ、賛同者に「その意見に賛成」と意見を述べてもらうようにします。そうすることで、反対意見が出にくい雰囲気にすることができるのです。

仮に、相手がこの効果を知っているとしたらどうでしょうか。こちら側を安心させるために、あえて正面に座ってこないことも考えられます。そうなると裏のかきあいになっていきます。まさに心理戦の様相です。

第3原則からは、会議中の私語の仕方により、リーダーシップの強弱を判断することができることがわかります。リーダーシップが強ければ、参加者の私語は隣同士ですることになり、弱ければ向かい合った人と私語を交わすことになります。このように会議の意思決定者の特徴も、心理戦の1つになるのです。

特に相手と敵対する場面でなければ、一緒に何かを食べながら会議をすると、お互い相手の意見を受け入れやすくなります。これを「ランチョン・テクニック」と言い、食事やお茶菓子を食べながらの商談会が開催されるのは、こうした効果を期待するからです。逆の立場からすれば、「食べながら商談するときは説得されやすい」ということに注意が必要です。

これらの要素は、議論の内容とは全く関係の無いことです。しかし、議論の結果には少なからず影響を及ぼすのです。

(2) コミュニケーションの強力な武器「ピラミッド・ストラクチャー」

上司への報告、お客様への説明、自分の主張や伝達など、人とのさまざまなコミュニケーションに欠かせないツールとなるのが「ピラミッド・ストラクチャー」です。

ピラミッド・ストラクチャーのポイントは「論理を構造化することをテーマに、ボトムアップで論理を構築すること」、「重要な要素は、メインメッセージとキーラインで、その要素をもとにトップダウンで主張すること」の2点です。このポイントからもわかるとおり、このツールはプレゼンテーションだけでなく、ビジネス文書を書く時にもきわめて有効です。ただし、どのように解釈するかによって、使用すべきフレームワークが変わってくる点に難しさがあることに注意してください。

図表59 ボトムアップからトップダウンへ

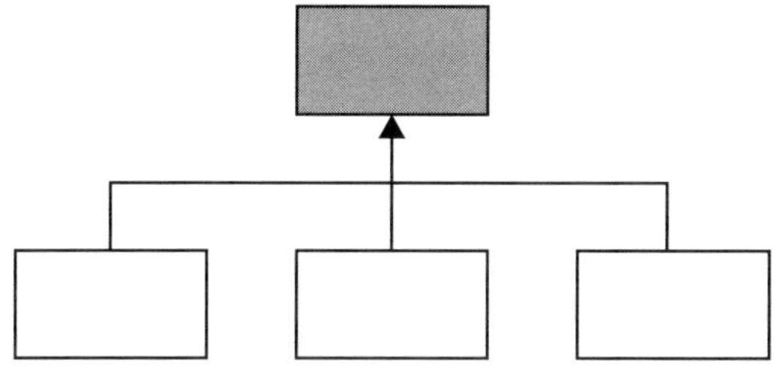

(3) 問題発見・問題解決に欠かせない「ロジック・ツリー」

ロジック・ツリーは、事象を構造化することがテーマです。さまざまな事象を分解し絞り込んでいきます。ポイントとなるのが、「モレなく、ダブりなく」で考えるMECEです。事象をブレイクダウンすることでピンポイントの結論を導き出していきますが、そのためには知識や経験が必要とされる点に難しさがあります。

図表60 MECEに分解

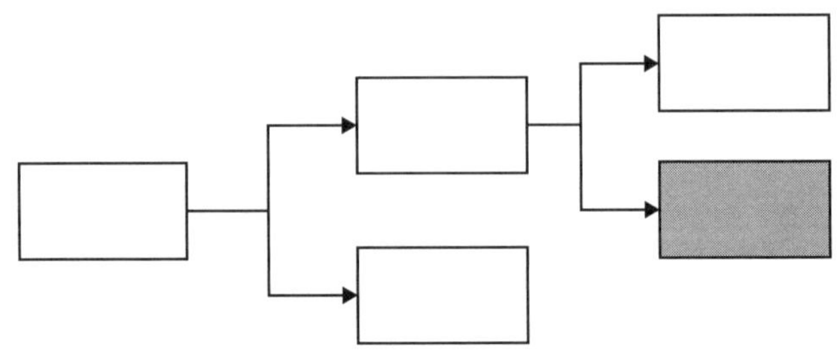

(4) 心理と論理でビジネスチャンスを逃がさない！

ビジネスの世界は「論理戦×心理戦」です。全体像を把握し、ロジック・ツリーで事象を構造化する。そして、そこから得られた主張すべき論理を構造化したピラミッド・ストラクチャーをベースに、相手に訴えかけていくのです。

その際、訴えかける相手は「感情」を持った人であることを忘れないでください。人は、受け止め方によって反応が180度変わることがあります。だからこそ、心理面にも十分注意する必要があるのです。

あとは実践あるのみです。心理と論理のバランスを考慮することによって、ビジネスチャンスを逃すことなく確実にものにしていってください。

◆ 終わりに ◆

本書では、ロジカル・シンキングについて、実際の現場で役に立つよう心理学的なエッセンスを加え、「全体像を把握する」→「論理的に主張する（論理の構造化）」→「問題を発見し解決する（事象の構造化）」という流れで解説してきました。もちろん本書を一読したからといって、すぐにロジカル・シンキングのスキルが身につくわけではありません。あくまでも、その第一歩を踏み出せるよう、前向きにトライする気持ちになれるよう、できるだけ具体例を盛り込みわかりやすく書いたつもりです。

もちろん本書で紹介した事例はごく一部であり、ロジカル・シンキングはビジネスだけでなく、普段の生活においてもさまざまな場面で有効に活用することができます。しかも、トレーニングすることにより、誰にでも身につけることができる万能のスキルです。

先進的なテクノロジーやAIの台頭などにより、私たちを取り巻く環境は仕事だけでなく日常生活においても大きく変化してきています。それに伴い、いままでに経験したことがない、さまざまな問題に直面します。

そうした新たな問題を解決するためにも、「モレなく、ダブりなく」というMECEの考え方や、ピラミッド・ストラクチャー、ロジック・ツリーを活用し、「考えて、考えて、考え抜く」ことから始めてみてください。それこそが、ロジカル・シンキングであり、実生活に役立つスキルなのです。

参考文献

バーバラ・ミント（2000）『新版　考える技術・書く技術―問題解決力を伸ばすピラミッド原則―』ダイヤモンド社

斎藤嘉則（2001）『戦略シナリオ［思考と技術］』東洋経済新報社

斎藤嘉則（2001）『問題解決プロフェッショナル［思考と技術］』ダイヤモンド社

斎藤嘉則（2001）『問題発見プロフェッショナル［構想力と分析力］』ダイヤモンド社

グロービス・マネジメント・インスティテュート（2001）『MBAクリティカルシンキング』ダイヤモンド社

フィリップ・コトラー（2000）『マーケティング・マネジメント』プレジデント社

M.E.ポーター（2007）『競争の戦略』ダイヤモンド社

伊藤明・内藤誼人（2000）『「心理戦」で絶対に負けない本―敵を見抜く・引き込む・操るテクニック』アスペクト

クリストファー・チャブリス＝ダニエル・シモンズ（2012）『錯覚の科学　あなたの脳が大ウソをつく』文藝春秋

●著者略歴

中野　克彦（なかの・かつひこ）

リンク・イノベーション代表。経営コンサルタント、認定心理士、CFP®、1級FP技能士、A･F･T色彩検定1級、行動経済学会会員（第630496号）、日本心理学会会員（第47081号）。財務・税務コンピューターメーカーに入社し会計を学んだ後、コンサルティング会社にて、企業のマーケティング戦略の策定や人材の有効活用等を行う。2005年にリンク・イノベーションを設立。現在は、心理学を導入した経営コンサルティングとFP講師も含めたファイナンシャル・プランニングを両輪に事業を展開する。講演回数は年間150本以上。

〈著書〉

『困る前に貯める！ 1円から始める資産運用（共著）』（日本経済新聞社）
『イラストで分かる！ FP技能士3級スピード合格テキスト』（日本能率協会）
『試験をあてるTAC直前予想 FP技能士2級・AFP』（TAC出版）
『FPのための最新情報＆データ満載　2018年 FP6課目総復習』（ビジネス教育出版社）
『コンサルティング力がアップする　FP資格を活かす150の話題』（ビジネス教育出版社）

ロジカル・シンキング超入門—心理と論理のベストミックス—

2020年1月10日発行　初版第1刷発行

著　者　中　野　克　彦
発行者　中　野　進　介

発行所　株式会社ビジネス教育出版社

〒102-0074　東京都千代田区九段南 4－7－13
TEL 03（3221）5361（代表）／FAX 03（3222）7878
E-mail▶info@bks.co.jp　URL▶http://www.bks.co.jp

印刷・製本／シナノ印刷㈱　　装丁／㈱クラップス

落丁・乱丁はお取り替えします。

ISBM978-4-8283-0779-4